AUF DEN SPUREN VON

William Shakespeare

AUF DEN SPUREN VON

William Shakespeare

SEIN LEBEN UND SEINE WERKE

Ellen Alpsten *Mit Fotografien von* Helene Sandberg

KNESEBECK

Inhalt

William Shakespeare

Das Mysterium

Oben: Das berühmte sogenannte Chandos-Porträt – sah er so aus?

Rechte Seite: Hier beginnt das Abenteuer William Shakespeare – die Wiege in seinem Elternhaus in Stratford-upon-Avon.

Wer ist William Shakespeare? Selten ist so vieles über einen Mann geschrieben worden, über den so wenig wirklich bekannt und belegt ist.

Experten, Historiker, Studenten, Bewunderer wie Kritiker – sie alle müssen sich ihren Shakespeare erfinden. So wie er selber die Figuren in seinen Stücken erfand, über die Samuel Johnson im 18. Jahrhundert urteilte: »Seine Schauspiele sind eine Landkarte des Lebens.« Alle Fragen zu Shakespeare, dem Mann und dem Mysterium, haben einen gemeinsamen Ursprung: Wie kann ein einzelner Mensch in einem relativ kurzen Leben so viele Facetten des menschlichen Seins verstehen und sein Wissen in solche Worte fassen? Versuche der Erklärung gibt es viele – und sie sind nicht immer schmeichelhaft. Shakespeare, der geheime Katholik, der heimliche Homosexuelle, der Frauenfeind, der Revolutionär, der Rassist, der Imperialist. Wer so klug und gewitzt über die Liebe schreibt, der muss doch zahllose Affären gehabt haben! Nur wer den Königen nahestand – oder selbst ein Herrscher ist –, kann doch wissen, wie schwer Krone und Zepter wirklich auf Geist und Seele wiegen, oder etwa nicht? Nein, nein, ein Naturkind, das war er – wie sonst sollte er so packend, so berührend die Größe von Gottes Schöpfung beschreiben? Alle diese Vermutungen führen jedoch nicht zu einer Lösung des vielleicht größten Rätsels: Wie soll man Shakespeares Genie erklären? Vielleicht

führt es weiter, wenn man die Welt erkundet, die seinen Geist formte?

Die wenigen uns bekannten Eckdaten seines Lebens stammen aus dem Kirchenregister. Getauft wird William am 26. April 1564 in der Holy Trinity Church in Stratford-upon-Avon, einer Stadt im Herzen Englands mit damals knapp 2500 Einwohnern. Elisabeth I. ist Königin und ihr Reich im Begriff, das elisabethanische England zu werden. Wird der Säugling rasch getauft, wie damals wegen der hohen Kindersterblichkeit üblich, und ist sein Geburtstag deshalb vielleicht der 23. April, der Tag des englischen Nationalheiligen St. Georg? Eine schöne Legende. Die mittelalterliche Kirche mit ihrem hölzernen Turm liegt am südlichen Ende von Stratford-upon-Avon. Shakespeares Geburtsstadt ist im Umbruch und wird sich zu seinen Lebzeiten radikal verändern – so wie seine ganze Welt. Das College der Stadt – 1330 gegründet von dem damals bekanntesten Sohn der Stadt, John Stratford, Erzbischof von Canterbury – ist umgeben von zwar zweistöckigen, aber doch niedrigen Hütten mit Strohdächern. In der

delt oder nur ihre Wolle markiert, geschoren, gewogen und verkauft, während auf der High Street die Handschuhmacher, Wollhändler, Schneider, Bäcker und Metzger sechs Tage die Woche ihre Ware feilhalten. Der Wochenmarkt dagegen findet auf dem rechteckigen, offenen Platz der Bridge Street statt, die linker Hand von Sir Hugh Cloptons beeindruckender Steinbrücke über den Avon liegt. Hier betreiben die Radmacher, Zimmerleute, Steinmetze, Schmiede, Schuhmacher, Brauer, Mälzer, Winzer, Rechtsanwälte, Schreiber, Ärzte, Quacksalber und die Messerschleifer ihr Handwerk. Was so beschaulich wirkt, ist in Wahrheit Hinweis auf den immensen sozialen Wechsel, den das elisabethanische England durchlebt. 25 Prozent, also einer von vier Engländern, wohnt bereits in Marktstädten wie Stratford-upon-Avon, deren Größe eine besondere Verwaltung notwendig macht und in denen sich ganz neue Berufe ausbilden. Die gängige, mittelalterliche Besiedelung in verstreuten, idyllischen Dörfern gehört also bereits mehr und mehr der Vergangenheit an. England urbanisiert sich.

Nahe Cloptons Brücke über den Avon liegt auch die Henley Street. Hier befindet sich Shakespeares Heim und die Werkstatt seines Vaters, des Handschuhmachers John Shakespeare: Flechtwerk und Gips füllen die Lücken zwischen dem Fachwerk des großen Hauses, und drei Giebel tragen das niedrige Dach. Die Stadtgrenze von Stratford-upon-Avon liegt nicht fern – weshalb hier auch Ställe gebaut und Müllhalden angelegt wurden. Der Gestank nach Dung und Abfall dürfte die Shakespeares jedoch kaum gestört haben, denn es stank überall. Neben der Launenhaftigkeit des Lebens ist der Geruch von Menschen und ihren Ausscheidungen wohl eines der wesentlichsten Merkmale der Tudor-Zeit. Außerdem gerbt John Shakespeare das feine Leder für seine begehrten

Hauptstraße, der Church Street, ändert sich das Bild bereits. Imposante Fachwerkhäuser beanspruchen fast ganz die ihnen im 12. Jahrhundert bei der Planung der Stadt zugesprochenen 60 Fuß – etwa 20 Meter Breite. Das bekannteste von ihnen ist das mächtige New Place, das eines Tages William Shakespeare und seiner Frau Anne Hathaway gehören wird. Die weiten Straßen der florierenden Marktstadt lassen viel mehr Licht in die Häuser, ihre Läden und Ateliers, als anderswo üblich. Der Handel blüht. Auf der Ely Street gibt es Schweine zu kaufen, auf der Sheep Street werden ganze Schafe gehan-

Linke Seite: Das Handschuhatelier von John Shakespeare – eine Quelle für viele Geschichten.
Rechts: Instrumente, um das gegerbte Leder zu weiten und zu formen.
Unten: John Shakespeare verarbeitet Leder aller Art und handelt auch mit Wolle – allerdings illegalerweise.

Handschuhe selber, und kaum ein Handwerk produziert einen so schlechten Geruch wie die Gerberei. Ohne ins Detail zu gehen – ein natürlicher Fäuleprozess der Häute spielt dabei neben Urin, schalem Bier und Hunde- wie Vogel-Kot eine wesentliche Rolle.

John Shakespeare hatte bereits Karriere gemacht, als William geboren wird. Die feinen Handschuhe des Bauernsohns sind begehrt – so begehrt, dass er Mary Arden, die Tochter eines großen Landbesitzers, heiraten kann. Im Jahr 1557 wird er Stadtrat, gute zehn Jahre später dann oberster Gerichtsvollzieher, und sein Privatleben wird nach dem frühen Tod von zwei Töchtern mit der Geburt des Stammhalters William vom Glück gekrönt. Das Atelier seines Vaters ist Williams erste Schule des Lebens: Männer wie Frauen müssen geduldig stillsitzen, während John ihnen das feine Leder über die Finger zieht und es während mehrerer Anproben ihren

Händen anpasst. Diese Prozedur lassen die Kunden gern über sich ergehen: Handschuhe sind teuer und ein Statussymbol. Die Zeit vertreibt man sich mit Geschichten, Klatsch und Tratsch und vergisst dabei vielleicht schnell die Anwesenheit des Jungen, dem vor lauter Skandalen und Gerüchten über das Wer-mit-wem unter der Oberfläche des wohlanständigen Bürgertums die Ohren brennen. Kein Wunder, dass William Jahre später seinen Romeo angesichts Julias zarter Hand seufzen lässt: »Oh, were I a glove upon that hand!« (»Wär ich der Handschuh doch auf dieser Hand!«)

Wo aber lernt er, seine Welt in Worte zu fassen? Das Engagement der Herrschenden für die höhere Erziehung während der Tudor-Dynastie ist gekennzeichnet von einerseits blinder Zerstörung und andererseits ehrgeizigem Wiederaufbau. Die Klöster mit ihren Stiftungen wie auch viele der Gilden sind unter Heinrich VIII. aufgelöst und zerschmettert worden. Dann aber schwingt das Pendel zurück: Neue Kathedralen werden gebaut und an diese angeschlossene Schulen ebenso wie Lehranstalten unabhängiger Institutionen gegründet. Heutige englische Eliteschulen wie St. Pauls oder auch Eton sind Zeugen dieser Zeit. Mädchen gehen im Allgemeinen nicht zur Schule – die sorgfältige Erziehung, die die Mutter der Königin, Anne Boleyn, an den Höfen von Flandern und Frankreich erhält, ist auch für ein Edelfräulein eine Ausnahme. Meist lernen sie bei der Mutter oder in einem fremden Haushalt, wie man einen solchen zu führen hat. Jungen aus wohlhabendem Haus dagegen besuchen ab dem Alter von fünf Jahren eine petty school, um danach bei guter Leistung mit sieben Jahren auf eine grammar school zu wechseln. Zeit zum Müßiggang bleibt keine: Die Schule beginnt bei Sonnenaufgang, um sechs Uhr morgens im Sommer und im Winter eine Stunde später. Unterrichtet wird bis fünf Uhr nachmittags, und das fünf und einen halben Tag lang. Das entspricht ungefähr dem Doppelten des heutigen Schulpensums! Gelehrt wird in Latein und gesprochen ebenso; wer gegen diese Regel verstößt, kann bis zu 50 Mal mit einer Birkenrute gestäubt werden. Die Beschreibung der Rollen, die der Mensch in den sieben Akten seines Lebens spielt, in »Wie es euch gefällt«

enthält auch eine Anspielung auf Shakespeares Schulzeit: »Then, the whining schoolboy, with his satchl/And shining morning face, creeping like snail/unwillingly to school …« (»Der weinerliche Bube, der mit Bündel und glattem Morgenantlitz wie die Schnecke ungern zur Schule kriecht«). Bereits mit 15 oder 16 Jahren verspürt Shakespeare nur noch wenig Lust, die Schulbank zu drücken. Der Besuch von elitären Bildungsanstalten wie Oxford oder Cambridge, wo viele seiner Zeitgenossen ihre Ausbildung fortsetzen, wird ihm verwehrt. Etwas, das andere Dramaturgen, die diese Universitäten besucht haben, ihn später nie vergessen lassen. Gründe hierfür kann es mehrere gegeben haben. So verlässt John Shakespeare in den 80er-Jahren des 16. Jahrhunderts das Glück. Hoch verschuldet scheidet er aus dem Stadtrat aus und ist in verschiedene Gerichtsverfahren verwickelt. Für eine Universitätsausbildung des Sohnes ist kein Geld mehr vorhanden. Zudem stammt aus dem Jahr 1682 – William ist gerade 18 Jahre alt – dessen zweite Nennung im Kirchenregister. Der Bischof von Winchester erlaubt ihm, Anne Hathaway, die Tochter eines Freisassen, zu heiraten. Annes Elternhaus kann man noch heute in Shottery nahe Stratford-upon-Avon besuchen: Es ist ein englisches Cottage wie aus dem Bilderbuch. Seine weißen, unregelmäßigen Wände ducken sich unter dem niedrigen Reetdach, und im Sommer kann man das Haus vor lauter Rosenbüschen kaum erkennen. Mit der Trauung eilt es, denn nur sechs Monate später bringt Anne, die acht Jahre älter ist als William, eine Tochter zur Welt, Susanna. Sie wird ebenso wie die zwei Jahre später geborenen Zwillinge Judith und Hamnet in der Holy Trinity Church in Stratford-upon-Avon getauft.

William Shakespeare ist nun 20 Jahre alt, ein zärtlicher Gatte, glücklich verheiratet und treusorgender Familienvater von drei Kindern. Ach ja? Genau derselbe Mann, der nur sieben

Jahre später, im Jahr 1592, Stratford-upon-Avon den Rücken kehrt und seinen kometenhaften Aufstieg in der aufblühenden Londoner Theaterwelt beginnt. Genau derselbe Mann, der dann nur noch sehr sporadisch in Stratford anzutreffen ist. Zwar kauft er seiner Familie mit New Place das erste Haus am Platze, aber vermacht Anne Hathaway dennoch in seinem Testament nur das »zweitbeste Bett im Haus«.

Die Jahre zwischen der Geburt der Zwillinge und Shakespeares verbürgter Ankunft in London haben keine nachweisbaren Spuren hinterlassen und werden als »the lost years«, die verlorenen Jahre, bezeichnet. Verdingt er sich wie so viele andere junge Männer als Söldner im Spanisch-Niederländischen Krieg? Arbeitet er brav als Schreiber eines Anwalts? Stimmt das Gerücht, dass er beim Wildern ertappt wird und die Stadt bei Nacht und Nebel verlassen musste? Ist er wirklich Tutor im Heim des Edelmannes Alexander Houghton, der in seinem Testament einen »William Shakeshafte« bedenkt? Oder ist für ihn nicht nur die Welt eine Bühne, sondern vor allem die Bühne seine Welt, und entschließt er sich, dem Lockruf des Seins und des Scheins zu folgen und sich einer fahrenden Truppe von Schauspielern anzuschließen? Verbürgt ist, dass sich 1592 der Eigentümer des »Rose Theatre« zufrieden über seine Einnahmen mit einem Schauspiel namens »Harey the VI« äußert – eines der Heinrich-VI.-Dramen – und dass Shakespeare zuvor selbst einige Jahre als Schauspieler einer Kompanie auf der Bühne stand.

Diese Kompanien tragen den Namen ihrer Gönner – die »Lord Stranges Men« besuchen Stratford 1579, 1584 folgen die »Earl of Essex's Men« und 1587 schließlich die »Queen's Men«. Die Namensgebung hat ihren guten Grund:

Ein Gesetz von 1572 schreibt vor, fahrende Schauspieler, die nicht unter dem Schutz eines Herrn stehen, als Lumpen und Tagediebe zu verhaften. Beeindruckt hat William das Schauspiel wohl schon vorher: Als der Günstling der Königin, der Earl of Leicester, im Sommer 1575 deren Besuch und Geburtstag auf Kenilworth nahe Stratford feiert, lässt er Schauspieler die steinernen Delphine in dem dortigen Brunnen reiten. Das Volk sah zu; William war damals elf Jahre alt. In »Was ihr wollt« dichtet der Barde Jahre später: »Like Arion on the Dolphin's back« (»Dann, wie Arion auf der Delphine Rücken«).

Verlässt William seine Geburtsstadt auf dem Karren einer dieser Kompanien, in einem der Sommer der verlorenen Jahre? Der Matsch der ungepflasterten Straßen von Stratford-upon-Avon ist dann von der Sonne zu roten Wellen hartgebacken. Die Hufe der vorgespannten Ochsen wirbeln Staub auf, und die Reisenden husten. Die Reise nach London führt über Oxford; das Land ist flach und kaum bevölkert. Jedes der Felder erstreckt sich über Hunderte von Hektar, die in kleinere Parzellen von Achtelmeilen unterteilt sind. Diese werden von Pächtern beackert: Roggen, Weizen, Gerste und Wicken werden abwechselnd angebaut. Doch immense Flächen an Land liegen brach – so scheint es zumindest. Denn hier grasen Schafe, Tausende, Hunderttausende; der wahre Reichtum im elisabethanischen England blökt, hat vier Beine und ein weißes, wolliges Fell. Stoff und Wollenes machen im Jahr 1565 über 80 Prozent der englischen Exporte aus. Kein Wunder, dass Sir Walther Raleigh sich reich belohnt fühlt, als er für seine Expeditionen nach Amerika das Monopol für die Ausfuhr von Wollstoffen von der Königin zugesprochen bekommt! Wälder werden aber nicht nur gerodet, um für Weiden Platz zu machen, sondern auch, um Schiffe zu bauen.

Vorherige Seite: Englands Reichtum hat vier Beine und blökt – Woll- und Stoffexporte tragen wesentlich zur vollen Staatskasse bei.

Oben: Die Lockungen der Großstadt London – auch William Shakespeare konnte ihnen, obwohl schon dreifacher Vater, nicht widerstehen.

Elisabeth führt Krieg – gegen Spanien, gegen Frankreich – , und 600 Eichenstämme werden allein für den Rumpf eines Kriegsschiffes benötigt! Auf den neuen Flächen entstehen immer häufiger Herrenhäuser, statt wie früher Dörfer oder Tagelöhnerhütten. Sie sind umgeben von riesigen, als Statussymbol dienenden Parks, ein grünes Elysium, in dem Rehwild grast. Die ersten sogenannten Englischen Gärten entstehen.

So reist William durch ein sich wandelndes England der Hauptstadt entgegen. London lässt sich mit keiner anderen Stadt in England vergleichen. Unter Elisabeths Regierung verdreifacht sich die Zahl der Einwohner auf gute 200 000 Menschen, die alle auf der Suche nach Arbeit, Glück und Wohlstand sind und die die beste Abwechslung suchen, die die Tudor-Zeit zu bieten hat. William gehen die Augen über: Wie viele Menschen sich auf der bereits seit römischen Zeiten existierenden Watling Road der Stadt und ihrem starken, pulsierenden Leben nähern! Und wie groß ist der Kontrast dann zu dem, was sich Shakespeare an der Kreuzung zur heutigen Oxford Street bietet. Hier liegt Tyburn, der öffentliche Galgenplatz der Stadt. Der Scharfrichter hat alle Hände voll zu tun; meist werden mehrere Verbrecher gleichzeitig gerichtet und ihre nackten Körper einige Tage am Galgen hängen gelassen. Selbst wenn sich kein Kadaver in der Brise bewegt, so verursacht Tyburn Gänsehaut. Viele auch heute geläufige Londoner Adressen gibt es bereits: St. Martin's Lane, Tottenham Court Road, Drury Lane, Aldwych und Fleet Street. Auch die Inns, die Gilden der Anwälte und Richter, bestehen bereits in und rund um Holborn. Nun erst erreicht man die Stadtmauern, sechs Meter hoch ragen sie rechts und links des Torhauses Newgate empor.

Im Herzen der Stadt fließt die Themse. Der Fluss ist weiter und seichter als heute; im Winter friert er zum Vergnügen der Bevölkerung zu – ganze Jahrmärkte wurden auf dem Eis abgehalten! Im Sommer bewegt man sich segelnd oder rudernd auf dem Wasser am schnellsten fort – und vor allem ungefährlicher und weniger geruchsintensiv als in den schmalen, dunklen Gassen der Stadt. An den Ufern der Themse liegt auch der alte Palast von Westminster; seine Räume sind kalt und kahl, denn die Königin möbliert ihre Schlösser erst bei ihrer Ankunft. Etwas weiter stadteinwärts tummelt sich das bunte Leben auf der Cheapside, dem Marktplatz der Stadt. Auf der Goldsmith Row stehen die imposantesten Häuser der Stadt, bewohnt von Bankiers und Goldschmieden. Eine Taverne gibt es auch: The Mermaid. Der Wirt William Johnson wird später ein Geschäftspartner William Shakespeares sein. Armut und Geist sind hier nicht weit entfernt von Reichtum und Behäbigkeit; am Ende eines langen Markttages trinken und schwatzen Poeten wie Ben Johnson und Christopher Marlowe neben Grafen und Geldverleihern. Kein Wunder, dass William Shakespeare am Tresen Stratford-upon-Avon und auch seine Anne mitsamt den Kindern schnell vergisst. In dieser Stadt, deren unendliche Möglichkeiten einem die Sinne benebeln. Hier hört er von Schulden, die mit exorbitantem Zins – fast in Fleisch und Blut, wie in »Der Kaufmann von Venedig« – zurückgefordert werden. Er lernt Liebende kennen, die alle nur möglichen Ränke schmieden, sich sogar verkleiden und alle Welt täuschen, nur um zueinander zu gelangen. Tränke werden einem angeboten, die alle Sinne rauben. Verbotene Leidenschaften entwickeln sich zwischen den Kindern verfeindeter Familien. Gescheiterte Pläne, die Königin zu ermorden, und die letzte, von dem sehr fleißigen Geheimdienst Elisabeths aufgedeckte Verschwörung werden diskutiert; Gift, das man in alle Ohren träufelt, die sich bieten. Man bespricht das Heute und das Damals, die Größe Englands unter den Königen vor

dem blutigen Krieg der Rosen mit seinen Helden und Bösewichten – und man tauscht sich aus über »Gloriana«, die Herrscherin, die mit ihrer Selbstdarstellung alle ihr nachfolgenden Königinnen beeinflussen wird.

»Da schmückt sich ein Emporkömmling mit unseren Federn, Freunde«, warnt der eifersüchtige Dramaturg Robert Greene die anderen Poeten nach Shakespeares ersten Versuchen, an der Bühne Fuß zu fassen. »Er bildet sich nicht nur ein, so gut wie Ihr den Blankvers zu beherrschen, sondern hält sich für den größten Aufrüttler und Schüttler [ein Wortspiel mit William Shakespeares Namen] in unserem Land.« William ist am Anfang seiner Karriere nur einer von vielen Dramaturgen, die versuchen, der steten Forderung nach Unterhaltung und Ablenkung an den vielen neuen Bühnen der Stadt nachzukommen. Vielleicht schreibt er zunächst, um auszuhelfen, denn die ersten verbürgten Stücke sind Kooperationen mit anderen

Barden und auch Arbeiten an schon bestehenden Stücken. Dann hat er Glück im Unglück: 1592 kehrt die Pest in die Stadt zurück, und alle Theater werden geschlossen, um den Schwarzen Tod zu bannen. Während viele Schauspieler die gesündere Landluft für ihre Tournee vorziehen, findet William Zuflucht bei einem reichen Gönner, dem Earl von Southampton. Er widmet ihm zwei seiner berühmtesten Sonette – »Venus und Adonis« und »Die geschändete Lukretia« –, die beide in zahllosen Auflagen gedruckt werden. Poesie ist in den Tagen des unsicheren Schicksals große Mode: Selbst die Königin dichtet elegisch über ihre abgewiesenen Freier und die Last, die auf ihren schmalen Schultern ruht. Als die Pest endlich abebbt, kehren die Schauspieler nach London zurück, und viele finden neue Schutzherren. Darunter auch Williams Truppe. Er und die renommierten Darsteller Will Kemp und Richard Burbage – der Shakespeares große, tragische Rollen mit Aplomb meistert – sind als Anteilsinhaber der »Lord Chamberlain's Men« verzeichnet. Shakespeare bleibt dieser Kompanie bis an sein Lebensende treu, auch wenn sie nach Elisabeths Tod ihren Namen wechselt und zu »The King's Men« wird.

Und sein Privatleben? Vermutlich kehrte er 1596, als er von dem Tod seines einzigen Sohns Hamnet erfährt, nach Stratford-upon-Avon zurück; ebenso kauft er für seine Frau und Töchter in diesen Jahren das imposante New Place und investiert viel in Ackerland rund um die Stadt. William verdient zum ersten Mal in seinem Leben wirklich Geld. Er ist so beschäftigt wie nie zuvor. In den kommenden 15 Jahren wird er fast 25 Stücke schreiben. Dennoch kommt es im frühen 17. Jahrhundert, unter der Regierung Jakobs I., zu einem Wendepunkt in seinem Schaffen. Shakespeare sagt den frivolen, heiteren Komödien Lebewohl und wendet sich großen, tragischen Themen zu. Weshalb? Vielleicht leidet der Barde, gerade 40 Jahre alt geworden, unter einer Midlife-Crisis? Spielt der Tod seines Vaters eine Rolle, oder macht ihm das schnelle Leben in London, fern von Frau und Kindern, ein schlechtes Gewissen? William ist kein Kind von Traurigkeit, wie eine Anekdote belegt: Als der Schauspieler Richard Burbage zu einem Schäferstündchen mit einer reichen Gönnerin will, ist William Shakespeare schon in deren Schlafzimmer und lässt dem wartenden Mimen bescheiden, William der Eroberer käme noch immer vor Richard III.! Er wohnt lange möbliert bei einer Familie namens Mountjoy in der Silver Street in Cripplegate, ehe er 1613 das Torhaus des aufgelösten Blackfriars-Klosters ersteht und dort einzieht.

In dieser Zeit besinnt er sich auch wieder auf seine Familie – 1616 heiratet seine Tochter Judith. Auch Ben Johnson ist Gast der Feier. Diese nimmt William seine letzte Kraft. Er trinkt zu viel, schwitzt laut seinem Schwiegersohn Dr. Hall

in einem heißen, engen Raum und läuft zu guter Letzt noch ohne Hut und Mantel hinaus in die Kälte. Eine Lungenentzündung, und zehn Wochen später, auf den Tag seines vermuteten Geburtstags genau, stirbt William Shakespeare. Begraben wird er unter den Steinplatten der Holy Trinity Church in Stratford-upon-Avon, wo er 52 Jahre zuvor getauft wurde.

Die Welt ist eine Bühne

Unterhaltung in Tudor-Tagen

CHOCOLAT GUÉRIN-BOUTRON

LES QUILLES

Oben: Selbst Sir Francis Drake will erst noch zu Ende kegeln, ehe er lossegelt, um die Armada zu besiegen!

Rechte Seite: Die Musik – keinem anderen Vergnügen widmet Shakespeare so viele Verse, so viel Bewunderung.

Die Londoner von heute und damals haben so einiges gemeinsam – man liebt und bewundert die Königin, beobachtet aber ihre entfernte Familie mit Misstrauen. Man schimpft über die hohen Lebenshaltungskosten, flucht über den Mangel an Wohnraum, beäugt argwöhnisch den europäischen Kontinent, ist ärgerlich auf Zugezogene – und man würde vor allen Dingen diese Stadt der Wunder niemals verlassen. Denn sie bietet das, was die Menschen anzieht wie Motten das Licht: Unterhaltung. Hier wird gesungen und getanzt, es wird geliebt, gelästert und gelitten, gefressen und gesoffen, Sehenswürdigkeiten werden bewundert und große Literatur geschrieben und gelesen.

Das Leben ist kurz und brutal, was sich in vielem, was die Londoner als sehenswertes Spektakel empfinden, niederschlägt. Hahnenkämpfe etwa sind sehr in Mode. Auch bis aufs Blut gereizte, in der Mitte der Arena angebundene Bären und Kampfhunde wie Mastiffs ziehen Massen von Besuchern an, die Geld, sehr viel Geld, wetten und sich die Kehle für ihren Favoriten heiser schreien. Neben dem Ring warten bis zu 13 Bären und 120 Kampfhunde in ihren Käfigen – Blut, Schweiß und Tränen auf Tudor-Art! Diese Kämpfe können bis zu fünf Stunden dauern, und das Stroh des Kampfbodens ist danach mit Blut getränkt. Eigentlich sollen die wertvollen Bären nicht getötet werden, sondern sich verteidigen und die

Oben: Blut gehört zur Unterhaltung –
manche Bären aus dem Zwinger
werden zu Berühmtheiten.
Rechte Seite: Mit der Königin
spielten ihre Gentlemen ungern
Karten – Her Majesty gewinnt
zu gerne.

Hunde in Stücke reißen. Einige der Tiere sind sogar echte Berühmtheiten. Auch Shakespeare erwähnt in »Die lustigen Weiber von Windsor« einen Bären namens Sackerson.

Ein Spaziergang am Sonntag nach der Kirche und vor dem Mittagessen führte so manche Familie nach Tyburn. Hier werden gerade einem Dieb die Hände abgehackt oder einem mutmaßlichen Verräter die Eingeweide aus dem Leib gerissen, ehe sie vor aller Augen verbrannt werden. Der vom gevierteilten Körper abgetrennte Kopf kommt auf die Spitze von Piken, wo er Brückenpfosten oder auch den Sims der Torhäuser in den Stadtmauern ziert. Der Anblick gehört zum Alltag, so dass Vorbeieilende keinen Blick darauf verschwenden. Dennoch: Mal besser ehrlich bleiben!

London ist vieles, aber eines gewiss nicht: langweilig. Die Einwohner der Stadt wollen unterhalten werden, immer und überall. Die Sehenswürdigkeiten von London bestaunen ist keine Erfindung unserer Zeit – Schaulustige strömen im elisabethanischen England beispielsweise nach Greenwich, wo Sir Francis Drakes Schiff »The Golden Hind«, mit dem er die Welt umsegelt hat, auf Dock liegt. Man kann es damals sogar für Feste und Bankette mieten, das aber leider nur bis 1618: Die Besucher haben die unangenehme Angewohnheit, Stücke des Schiffs abzubrechen und als Souvenir mitzunehmen. In jenem Jahr ist dann nur noch der Kiel des stolzen Schiffes übrig! Mit dem richtigen Begleitbrief ausgestattet, kann man auch die königlichen Paläste besuchen. Gegen hohes Trinkgeld erhält man Eintritt in die Räume des Towers und kann die Folterinstrumente bestaunen, mit denen Katholiken nolens volens zur anglikanischen Kirche bekehrt wurden. Ansonsten bieten die Straßen der Stadt mehr Spektakel, als man sich heute vorstellen kann: Bärtige Damen, siamesische Zwillinge, Kinder mit zwei Köpfen, Riesen und Zwerge,

reisende Magier, Akrobaten, Zauberer und exotische Tiere mischten sich einfach so ins Gewimmel der Menschen.

In Tavernen findet man die größte Bandbreite an erlaubter und unerlaubter Unterhaltung, denn viele der alehouses waren nebenbei kleine Bordelle, in denen Mütter und Töchter ihre Dienste anboten. Hier wird neben dem Trunk auch dem neuesten Laster nachgegeben – dem Tabak. Der Kaufmann, Forscher, Redner und Sklavenhändler Sir John Hawkins hat die Pflanze während einer Expedition nach Amerika in Florida entdeckt – oder eben Eingeborene beim Rauchen des Krautes mit Hilfe von tönernen Schalen und Bambus-Stangen beobachtet – und den Tabak 1565 in England eingeführt. Die Londoner lassen sich nur zu gerne die Sinne benebeln, angefangen vom Gefühl des tiefen Inhalierens bis zur sinnbildhaften Flüchtigkeit, mit der sich der Rauch in der stickigen Luft der Taverne verliert. Billig ist das Vergnügen nicht, weshalb sich mehrere Männer die gängigen Tonpfeifen (man findet sie noch heute bei Ebbe im Themse-Schlick) teilen. Diese haben nur sehr kleine Köpfe, so dass schon wenig Tabak den Geist bene-

belt und somit Befriedigung verschafft. Trinken und Spielen gehen Hand in Hand. Doch seit dem Mittelalter haben die englischen Könige das Spiel für Nichtadlige, die über weniger als die damals immense Summe von 100 Pfund jährlich verfügen, verboten: Die Männer im Dorf sollen gefälligst üben, wie man die berühmten longbows schießt (schließlich gab es immer einen Franzosen, den man im Krieg auf eine Distanz von 30 Metern treffen musste, oder es galt, die Spanier von Bord ihrer Schiffe zu holen!), statt Karten, Würfel oder Fußball zu spielen, am Backgammon-Tisch und beim Schach zu sitzen oder sich auf einem Kegelboden rumzutreiben. Gespielt wird natürlich trotzdem, aber es heißt vorsichtig sein, denn die Geld-

strafen für das Betreiben eines illegalen Kegelbodens oder Tennisplatzes sind saftig. Berühmt ist die Anekdote des Seefahrers Sir Francis Drake, der gerade kegelt, als die Spanische Flotte der Armada am Horizont gesichtet wird. Der Admiral nimmt noch einmal Schwung und ruft: »Ich habe noch Zeit, das Spiel zu gewinnen, ehe ich den Spanier besiege!« Die Königin selber liebt Schach und das Kartenspiel – ihre Lords dagegen weniger, kein Wunder: Sie müssen Elisabeth gewinnen lassen!

Mens sana in corpore sano: Trotz des königlichen Erlasses verlieren die Engländer das Interesse am Bogenschießen, denn die Kriegsführung, wie auch die Bedrohungen, denen

England ausgesetzt ist, wandeln sich. Tennis wird verbotenerweise auf offener Straße gespielt, und der Adel liebt zur Ertüchtigung an der frischen Luft wie eh und je die Jagd hoch zu Ross. Ein Gentleman lässt sich außer beim real tennis der Tudor-Zeit – einer Mischung aus Tennis und Squash – beim Schwimmen, Ringen oder Fechten sehen, während daer elisabethanische Fußball mehr mit Rugby gemein hat und sehr hart und brutal gespielt wurde: Nasen, Arme, Beine, Rücken und das Genick konnten dabei gebrochen werden. Kein Wunder, dass der Fußball ein Sport für das gemeine Volk bleibt. In den exklusiven grammar schools wird wohl ab und an ein Spiel namens crecket mit einem Schläger und einem kleinen Ball gespielt und erwähnt, aber nur sehr sporadisch. Golf dagegen ist noch verboten. Erst der Stuart-König Jakob I. wird den Sport nach England bringen!

Auch Musik und Tanz gehören natürlich zur Unterhaltung in William Shakespeares Zeit – er selbst spielt über 170 Male in seinen Stücken auf die Macht der Musik an. Am Hof der Königin stehen an die 30 Musikanten in Lohn und Brot. Von einem elisabethanischen Gentleman wird erwartet, dass er mindestens ein Instrument spielt, und die Straßen sind voller Fiedler und Flötenspieler. Allerdings haben Musikanten keinen besonderen Status in der damaligen Gesellschaft, und der Frohsinn, den sie bringen, ist den mächtigen Puritanern ein Dorn im Auge. Kein Wunder: Musik und Tanz gehen einher mit ungehörigem Frohsinn und noch ungehörigerer Nähe zwischen den Geschlechtern. In Shakespeares Welt wird nicht auf einen besonderen Anlass gewartet, um zu tanzen – jeder, der zwei Beine hat, tut es! Beim basse dance behielt man die Füße am Boden, beim haute dance waren Sprünge erlaubt.

Wenn er zum Tanz auffordert, zieht sich der Herr mit der Linken den Hut vom Kopf, ehe er sich – die Rechte eng am Leib – verneigt. Damen sind übrigens gleichberechtigt und fordern den Herrn ihrer Wahl zum Tanz auf. Für beide Geschlechter gilt es als unhöflich, eine Aufforderung zum Tanz abzulehnen. Am aufregendsten sind die Maskenbälle, die Volk und Adel gleichermaßen gerne veranstalteten. Das flackernde Licht von Hunderten von Fackeln verleiht den Kostümen noch mehr Charakter und verführerisches Geheimnis.

Wo aber bleibt bei allem Hedonismus, bei all dieser brüllenden Lebenslust an dem kurzen, ungewissen Dasein, die Seele in William Shakespeares Zeit? Keine Sorge – ihr gebührt der zentrale Platz auf der Bühne, die seine Welt ist. In den Jahren nach Williams Ankunft in London werden mehr Bücher denn je aufgelegt. Unter diesen sind Calvins Briefe ebenso Bestseller wie die Werke von Homer und Vergil, doch die Poesie und das Schauspiel bleiben die ungeschlagenen Könige der Literatur.

Dies gereicht William Shakespeare und seiner Kunst zum Vorteil. Seine Beobachtungsgabe und seine unermüdliche Feder sind zur rechten Zeit am rechten Ort. Die Londoner sind hungrig auf Neues und bereit, Geld dafür auszugeben, so dass in der Stadt etwas bis dahin Unerhörtes geschieht. Die fahrenden Truppen von Schauspielern, die auf Marktplätzen oder in Tavernen auftreten, bekommen mehr als nur ein festes Heim, um die Stücke der damals vermutet mehr als 300 Londoner Dramaturgen aufzuführen. 1576 wird in London das erste Haus gebaut, das nur dem Schauspiel gewidmet ist – ein Theater.

Seit dem 11. Jahrhundert hat die Kirche Aufführungen von Mirakelspielen befördert, die das Leben und wundersame Wirken von beliebten und bekannten Heiligen feiern. Nach dem 14. Jahrhundert wird das Genre durch biblische Geschichten angereichert, die von den Kirchen und den Gilden mit Pomp als Spektakel und Straßenfeste inszeniert werden – Opium fürs Volk. Mit der Reformation unter Heinrich VIII. und der Wiedereinführung des Protestantismus durch Elisabeth werden diese Aufführungen Mitte des 16. Jahrhunderts als zu katholisch verworfen. Ersetzt werden sie von einem Genre, das bis heute aktuell ist: der Darstellung des ewigen Kampfs zwischen Gut und Böse. Der wohlhabende Schreiner James Burbage errichtet das erste, feste Spielhaus an den Ufern der Themse und nennt das Haus schlicht und einfach »Theatre«. Der Entwurf des Hauses ist inspiriert von den Innenhöfen der großen Landgasthäuser, wo bis dahin die Stücke aufgeführt werden. Nur ein Jahr später eröffnet ein Theater namens »The Curtain«. Es folgen 1600 und 1605 das »Fortune« und »The Red Bull« – London hat sein erstes, wenn auch bescheidenes Theaterviertel. Diese Häuser liegen dem vergnügungssüchtigen Londoner noch immer zu weit außerhalb, weshalb in den Jahren zwischen 1578 und 1605 auf der Südseite der Themse, der »Bankside«, weitere Häuser wie Pilze aus dem Boden schießen. Am bekanntesten von allen: »The Globe« (das umgetaufte und umgebaute »The Theatre«), wo Shakespeares »The Lord Chamberlain's Men« auftreten, bis sie 1608 ein Heim im ehemaligen Kloster Blackfriars finden. Schick ist dieses Viertel eher nicht, aber geschäftig, denn hier befinden sich die Bärenkampf-Arenen ebenso wie Tavernen, Bordelle, Gasthäuser – und die Gefängnisse! Die Vorstadt steht für Sünde und Unterhaltung. »Dwell I but in the suburbs of your good pleasure?« (»Wohn ich denn nur in der Vorstadt Eurer Zuneigung?«), beschimpft Portia in »Julius Caesar« ihren Mann Brutus – sie fühlt sich wie seine Hure, nicht wie seine Frau!

Den Puritanern sind diese Theater natürlich ein Dorn im Auge – allerdings protestieren sie erfolglos, denn die Königin liebt das Schauspiel. Und so sorgt sich ihr Großmeister Edward Tilney weniger um unmoralische Inhalte als um unzufriedene Äußerungen, die zur Revolution anstacheln könnten. Also: Vorsicht mit allen Kommentaren über die mögliche Nachfolge der Königin, und nur nichts schreiben, was den Katholizismus glorifizieren könnte! Zudem darf keine noch lebende Person auf der Bühne dargestellt werden. Ein Maulkorb für die Dramaturgen fürwahr – mehr als ein Barde sieht den Tower von innen. Vielleicht rührt daher die ungeschriebene, aber noch immer gültige Regel perfekter englischer Konversation: »No politics, no religion!«

Wie sieht so ein Theater also aus? Anders als dem Theaterbesucher im heutigen, dem Shakespeare-Theater nachgebauten »Globe« suggeriert wird, sind die Häuser nicht rund, sondern Vielecke. Das »Rose« hat 14 Seiten, das »Globe« sogar 20! An die 3000 Zuschauer finden darin gleichzeitig Platz. Nur die Seiten des Gebäudes sind überdacht, und hoch auf seinen Zinnen weht eine Fahne, wenn gespielt wird. Geld regiert auch die Welt der Bühne: Die Ärmsten der Armen zahlten nur einen Penny Eintritt und stehen dafür als groundlings in der offenen Mitte der Arena, dem Spektakel ganz nahe – oft mischen sich die Darsteller unters Volk. Aber natürlich sind sie dort auch Wind und Wetter ausgesetzt. Allerdings schließen die Häuser in den kältesten Wintermonaten ihre Pforten. Die Worte der Schauspieler konkurrieren mit dem steten Kommen, Gehen und dem ständigen Füßescharren der groundlings, das sich mit dem Geraune und Gemurmel der feilschenden Frauen mischt, die in großen Körben Knabberei und Getränke zum Kauf anbieten. Rund um das Theater ziehen sich drei Galerien, wo die Stehplätze einen Penny teurer sind und die Sitzplätze drei Penny kosten. Musikanten sitzen auf einer Tribüne neben der Bühne, und ihre Fanfare kündigt den Beginn des Stückes an. Nicht einfach, sich da Gehör zu verschaffen! Weibliche Rollen werden von jungen Männern gespielt, was Shakespeare vielleicht zu einem seiner beliebtesten dramaturgischen Mittel inspiriert, dem Verkleiden und dem Nichterkanntwerden – so wie in »Wie es euch gefällt«, »Der Kaufmann von Venedig« und »Was ihr wollt«. Dazu kommt, dass sich Schauspieler nicht auf den kompletten Text des Stückes vorbereiten können, sondern immer nur kurz auf knapp vor der Vorstellung ihre Zeilen zusammen mit den Stichworten erhalten: Jährlich werden in jedem Theater 20 bis 30 Stücke gezeigt, und das Programm wechselt täglich. Zwei Säulen stützen das Dach der Bühne, sie ist bis zu zwölf Meter breit, und bis zu 20 Schauspieler haben auf ihr Platz. Fundus

benötigen die Stücke Shakespeares und der Kollegen kaum – außer vielleicht einen Eselskopf für »Ein Sommernachtstraum« und eine große, spektakulär unappetitlich aussehende Pastete für »Titus Andronicus«. Ansonsten genügen Schwerter, Fackeln und die eine oder andere Blase Schweinsblut. Kostümiert sind die Darsteller natürlich – oft sind es Kleider, die Edelleute ihren Dienern schenken. Da diese den Prunk aus Samt, Seide, Spitzen und Bordüren kaum öffentlich tragen können, verkaufen sie sie an die Theater weiter.

Das Theater in den Tagen der Tudors und besonders die Welt, die William Shakespeare auf der Bühne erschafft, haben eine enorme Wirkung. Zum ersten Mal interessiert sich das Schauspiel für den Menschen, seine Nöte, seine Wünsche, seine Hoffnungen, seine Liebe und sein Leid. Das grenzt diese Kunst klar vom Mittelalter ab – und William Shakespeare und seine Kollegen sind sich ihres Privilegs bewusst: Sie sind das Sprachrohr eines neuen Menschen und einer neuen Welt.

Linke Seite: Der Barde wird zum
Unternehmer – das »Globe« am Ufer
der Themse.

Oben: Königliches Vergnügen –
eine Aufführung im »Globe« zur Zeit
Elisabeths I.

Ein Land und die Welt

England zwischen Mittelalter und Moderne

Oben: Gedrängel auf der Themse – auf dem Fluss kommt man noch am besten voran, und hier riecht es auch weniger stark als in den Straßen der Stadt.

Rechte Seite: Die junge Elisabeth I. Darauf, dass sie einst den Thron besteigen würde, hätte keiner der wettbegeisterten Briten auch nur einen roten Heller gesetzt.

Veränderung ist das Leitmotiv der Welt, in der William Shakespeare lebt – es zieht sich wie ein roter Faden von den höchsten Stufen der Gesellschaft bis hin zum Leben der einfachen Arbeiter. Die Königin hätte nie Königin sein sollen. Auf den Tod ihres Vaters, Heinrichs VIII., folgten erst ihr Bruder, Edward VI., dann ihre Cousine, Lady Jane Grey, und schließlich ihre Halbschwester Maria. Wenige hatten sich bei ihrer Krönung 1558 vorstellen können, dass sie England für die folgenden 45 Jahre regieren und zur unvergessenen »Good Queen Bess«, »The Virgin Queen« und gar zu »Gloriana« werden würde, Inbegriff von Erfolg und Stabilität. Wenn Shakespeare in »Antonius und Cleopatra« schreibt: »Age cannot wither her, nor custom stale her infinite variety ...« (»Nicht kann sie Alter hinwelken, täglich sehn an ihr nicht stumpfen«), so ist dies gewiss ein Kompliment für Elisabeth I. Ihre Herrschaft führt England durch viele Krisen – den Schwarzen Tod, Verschwörungen von Katholiken, wie die ihrer Cousine Maria Stuart und anderer Staatsfeinde, Krieg in den Niederlanden, Ärger in Irland und die wachsende Sorge um einen fehlenden leiblichen Erben der Herrscherin – und schließlich aus dem Mittelalter in die Moderne.

Eines der größten Themen seiner Zeit, das William Shakespeare allerdings konsequent und wohl auch klugerweise totschweigt, ist die Religion: Heinrich VIII. hatte sich von

Links: Von wegen »No politics, no religion!« – antikatholische Propaganda ist gang und gäbe.
Rechte Seite: Spieglein, Spieglein an der Wand – Maria Stuart, Königin von Schottland und die Nemesis ihrer Cousine Elisabeth.

Rom losgesagt, ein Vorfall, der einem kulturellen und religiösen Erdbeben gleichkam. Viele Engländer wissen noch heute nicht, dass es je einen Martin Luther gab. Nein, für sie ist die Reformation eine angenehm undogmatische und wenig radikale Idee ihres großen Tudor-Königs. Heinrich VIII. tat es aus Liebe – für Anne Boleyn. Also gut, das Gold und die Ländereien der Klöster mögen auch eine kleine Rolle gespielt haben. Unter seinem Nachfolger Eduard VI. wird die Kirche dann offensichtlich protestantischer – es kommt zu einem Bildersturm, bei dem Heiligenfiguren und die bunten Glasfenster der Kirchen eingeworfen werden. Heinrichs älteste Tochter, Königin Maria I., dagegen zerrt das Land zurück in einen wütenden, Rache suchenden Katholizismus – Protestanten werden zu Hunderten als Ketzer verbrannt, was ihr den Spitznamen »Bloody Mary« einbringt. Sie heiratet ihren spanischen Vetter Philipp II., den katholischsten aller Könige, und versucht verzweifelt, mit ihm einen Erben zu zeugen, der Englands Katholizismus stärken soll. Umsonst: Fast die erste Tat Elisabeths als Königin ist es, formell die Kirche von England zu gründen. 1559 wird sie zu ihrem Oberhaupt – und lehnt den Heiratsantrag ihres ehemaligen Schwagers Philipp II. von Spanien höflich, aber bestimmt ab. Dennoch ist ihre Glaubenspolitik vorsichtig, und sie vermeidet Exzesse, wie sie unter ihrem Halbbruder Eduard vorkamen. Die Glaubenskriege in Frankreich lehren sie, ihre Kirche zwischen Katholiken, Puritanern und Protestanten in einem weiten und offenen Gleichgewicht zu halten: eine geglückte Mischung aus Rom und dem nordeuropäischen Protestantismus.

Dennoch lässt die Frage der Religion England für lange Jahre keine Ruhe: Papst Pius V. exkommuniziert die Königin, Gregor XIII. brandmarkt sie als Ketzerin und erklärt sie gar für vogelfrei. Ganze Landstriche wie Lancashire und

große Adelsfamilien bleiben mehr oder minder offen Rom treu: Was auf einer Landstraße in diesen Gegenden aussieht, als sei es ein auf seinem Esel dahintrabender, harmloser, sich jeder Kontrolle und Zuordnung entziehender Handlungsreisender mit einem Koffer voller Waren, ist in Wahrheit ein katholischer Priester mit einem Klappaltar im Gepäck. In dem Koffer befinden sich weißes Leinen für eine Soutane, bestickte Bordüren für den Gürtel, eine Haube, lose Perlen, die zum Rosenkranz aufgefädelt werden können, und auch ein Ring als Zeichen Petri. Hier ist es, das von Shakespeare so geliebte

Motiv der perfekten Täuschung, der vollkommenen Verkleidung. Burgen wie Hever Castle, wo Anne Boleyn ihre Kindheit
verbringt, haben in der Wandtäfelung des drawing room
verborgene Schränke, in denen Priester rasch versteckt werden
ebenso wie komplette geheime Kapellen. Anderswo – etwa
in Warwickshire, wo William Shakespeare aufwächst – werden,
Katholiken verfolgt. Wer sonntags nicht am anglikanischen
Gottesdienst teilnimmt, kann mit saftigen Geldstrafen rechnen.

Das englische Königreich ist zu William Shakespeares
Zeiten eher arm: Es gibt nicht einmal eine stehende Armee,
sondern für jede Expedition muss das Geld erst beschafft werden. Zur Kasse gebeten wird meist das Volk, und das in Form
von Steuern. Von einer Volkswirtschaft kann keine Rede sein.
Die auf der Insel lebenden drei Millionen Engländer haben mit
Inflation, Missernten, Nahrungsmangel und zu hoher Pacht
für Ackerland zu kämpfen. Außer London gibt es nur zwei andere Städte, die mehr als 10000 Einwohner zählen.

In der Hauptstadt jedoch ist der Wandel Teil des Alltags – alles wächst, alles strebt nach Neuem, bis dahin Unbe-
kanntem – höher, schneller, weiter. Plötzlich kann ein Engländer
sich als Teil eines »Wir« gegenüber einer sehr viel weiteren
Welt definieren. Oscar Wilde schreibt: »Die Alten glauben alles,
die in der Mitte des Lebens vermuten alles, und die Jungen
wissen alles!« Dieses Zitat erklärt den Charakter des elisabethanischen Engländers. Er hat das Selbstbewusstsein und die
Bestimmtheit eines Jugendlichen und tritt wie ein Teenager in
sein Leben als mündiger Erwachsener. Denn mit dem Ende
des Mittelalters muss sich der Mensch zum ersten Mal auf der
Welt allein zurechtfinden. »Der Buchdruck, das Schwarzpulver
und der Kompass. Diese drei Erfindungen haben das Gesicht
der Welt verändert«, schreibt Francis Bacon. Was nicht heißen
soll, dass der Engländer von damals heißblütig und ohne nachzudenken durch sein Leben stürmt. Im Gegenteil: Genau
sein Maß an Nachdenklichkeit setzt ihn von dem Menschen
des Mittelalters ab.

Von der Königin bis zum Bettler überdenkt England
sein Verhältnis zu Gott; zum ersten Mal richtet sich der Fokus
des Seins auf den Einzelnen, das Individuum. Gott mag die
Dinge möglich machen, aber er ist nicht mehr Grund und Ursache menschlichen Fehlens oder Gelingens. So entsteht auch

ANNO 1602.
ECCE SIC BENEDICETVR HOMO.
QVI TIMET DOMINVM.

Linke Seite: Glaube per Gesetz? Mitnichten – eine geheime katholische Hauskapelle.

Oben: Gott sei mit uns – Dankesgebet einer protestantischen Familie.

ein neues Genre in der Literatur, nämlich die Autobiographie, wie etwa die »Chronicle« von Henry Machyn. Der Mensch hat neuen Mut, oder sogar Übermut – es genügt, sich in den heutigen Docklands die Replik von Sir Francis Drakes Schiff »The Golden Hind« anzusehen. In dieser Nussschale setzte er seine Segel, um rund um die ganze, damals noch weitgehend unbekannte Welt zu segeln? Gewalt und Grausamkeit sind alltäglich, Engländer beginnen eigentlich erst im 18. Jahrhundert, wirklich Gesetze zu befolgen. Im Mittelalter wird die Folter nur unter außergewöhnlichen Umständen angewandt, im elisabethanischen England gehört sie zum Alltag. Doch selbst in diesen Tagen der gleichgültigen Grausamkeit wird die grässlichste aller Strafen – das Zu-Tode-Schmauchen oder -Kochen – unter Elisabeths Vater Heinrich VIII. zum letzten Mal angewendet. Kämpfe in der Kinderstube bereiten auf das Leben vor, die Prügel in der Schule, die Kabale auf der Straße oder die strenge Disziplin auf den Schiffen und in der Armee. Die Gesellschaft ist streng hierarchisch, Korruption und Nepotismus bestimmen Karrieren und Leben. Gleichzeitig ist der Eng-

länder in William Shakespeares Tagen ungemein stolz – auf sein individuelles Tun wie auch auf sein Volk. Um mit dieser Mischung aus Mut, Gewalt, Grausamkeit, Hierarchie und Stolz klarzukommen, entwickelt sich in den Tagen des 16. Jahrhunderts noch etwas anderes: Esprit.

Der offene Sarkasmus des Mittelalters verfliegt, und William Shakespeare selber wird der Meister des wit, der trockenen, schnellen, witzigen, geistig hochfliegenden und mit Ironie gewürzten Antwort. Der Engländer lernt auch mehr über seine eigene Insel. Dass vor der industriellen Revolution nicht gereist wurde, ist Unfug. Leute gehen zum Markt, Wahlberechtigte müssen in die nächste county town reisen, um ihre Stimmen abzugeben, einmal gewählt, müssen die Abgeordneten nach Westminster, um ihren Sitz in den houses of parliament einzunehmen. Boten durchqueren das Land mit Nachrichten für die örtlichen Sheriffs und die Lord-Lieutenants der Königin. Pfarrer besuchen andere Diözesen, und Schergen schleppen Verbrecher vom Norden nach dem Süden. Der Engländer lernt also seine eigene Insel kennen – was aber hält er vom Rest der Welt?

Der Verlust von Calais im Jahr 1558 und der kläglich gescheiterte Versuch, es 1562 zurückzuerobern, setzen dem territorialen Ehrgeiz Englands auf französischem Grund und Boden ein Ende. Antwerpen ist nun der Schlüssel zum Kontinent, denn durch diesen flämischen Hafen exportiert England sein weißes Gold – Wolle und wollene Stoffe – nach ganz Europa. Deshalb mischt sich Elisabeth auch aktiv in die spanische Besetzung der Niederlande ein. Das Land hat keine Angst mehr, seine Interessen durchzusetzen. Die Beziehung zu Spanien verschlechtert sich schnell und drastisch – 1585 kommt es zum offenen Krieg zwischen Elisabeth und Philipp II. Aber während England auf den langen Konflikt in den Niederlanden

nicht vorbereitet ist, steht seine Marine tadellos da. 1588 setzt in Spanien auf Befehl Philipps II. eine enorme Flotte die Segel. Ihr Ziel: England. Ihre Mission: die Insel erobern und die Ketzerin Elisabeth vom Thron stoßen. Gott ist nicht mit der Armada. Schon im Golf von Biskaya reißt ein Sturm beinahe die Hälfte der Schiffe in den Abgrund. Im Ärmelkanal erledigen die schnelleren, kleineren und wendigeren englischen Schiffe unter der Führung von Sir Francis Drake den Rest.

Drake ist zu Shakespeares Tagen bereits ein Nationalheld und steht mit seinen Taten für die künftige Größe des Inselreichs: 1580 gelingt es ihm als erstem Engländer und nach Magellan als zweitem Kapitän in der Geschichte der Menschheit, mit seinem relativ kleinen Schiff »The Golden Hind« um den Globus zu segeln. Die Welt wird nur Jahrzehnte nach Kopernikus und Kepler plötzlich verständlich – William Shakespeare lässt seinen Puck in »Ein Sommernachtstraum« frech bemerken: »I'll put a girdle round about the Earth, In forty Minutes!« (»Rund um die Erde zieh ich einen Gürtel in vier Mal zehn Minuten!«) Oberon ist da schon gelassener und erhabener, als er im selben Stück sagt: »We the globe can compass soon, Swifter than the wandering moon!« (»Schneller als die Monde kreisen, können wir die Erd' umreisen!«) In »Die

Oben: Einmal rund um die Welt – Sir Francis Drake wagt diese Reise in einem Schiff, das heute wie eine Nussschale wirkt – »The Golden Hind«.

Rechte Seite: Freibeuter und Fürst – Elisabeth I. belohnt Drake bei seiner Rückkehr reich. Er hat es sich verdient.

Komödie der Irrungen« vergleicht ein frecher Diener eine plumpe Magd mit dem Erdball und lässt forsch seine Hände wandern, um sie zu erkunden. »She is spherical, like a Globe. I could find out countries in her« (»Sie ist kugelförmig wie ein Globus, ich wollte Länder auf ihr entdecken!«).

Drakes Reisen – wie auch die Expeditionen der Freischärler-Kapitäne Raleigh und Humphrey Gilbert – bringen exotische Güter und haarsträubende Geschichten zurück nach England. Während seiner Fahrt hat Drake spanische Schiffe um beinahe zehn Tonnen Silber erleichtert, ein Vermögen, von dem er in Ostindien Gewürze kauft. Als Drake in seinen Heimathafen Plymouth einläuft, ist er ein gemachter Mann – und seine Investoren auch. Sie erhalten ein Vielfaches ihrer ursprünglichen Einlage zurück. Die Königin nimmt sich einen Anteil, der ihre jährlichen Einkünfte beinahe verdoppelt. Kein Wunder, dass Drakes Glück, Geschick und Klugheit die englischen Kaufleute nachdenklich macht. Im Jahr 1680 wird die »English East India Company« gegründet, die ursprünglich England einen Anteil am lukrativen Gewürzhandel sichern soll. Bald aber werden ihre Ziele politischer, und die Vereinigung, ihre Schiffe und Kapitäne, legt den Grundstein für das britische Empire. William Shakespeare lässt in »Die lustigen Weiber von Windsor« seinen Falstaff über zwei angebetete Frauen sagen: »They will be my East and West Indies and I will trade to them both!« (»Sie sollen mein Ost- und Westindien sein, und ich will nach beiden Handel treiben!«)

Trade, Handel, das ist das Zauberwort, das den Sesam England öffnet: Philip Hetzner, ein deutscher Anwalt, geht mit seinem schlesischen Herrn auf große Europatour und schreibt auch über London. »Der Wohlstand der Welt weht nach London hinein«, dank der Themse, dem tiefen und den Gezeiten gegenüber so sensiblen Fluss. Sie bietet den großen Kaufmanns-

schiffen einen sicheren Kanal, 100 Meilen zwischen ihrer Mündung in den Ärmelkanal bis in das Herz der Stadt. Doch die vielen fremden Kaufleute, die weder englischem Gesetz unterworfen sind noch englische Sitten kennen, machen den Engländern auch Angst: Was, wenn sie den Einheimischen das tägliche Brot nehmen? Xenophobie und Sehnsucht nach Merkantilismus sind Teil der schönen neuen Welt, die die altbekannten Parameter des Mittelalters hinter sich gelassen hat. Kulturelle Unterschiede werden durch Elisabeths relative religiöse Toleranz verstärkt wahrgenommen: Immigranten können in französischen, italienischen und holländisch-calvinistischen Kirchen den Gottesdienst abhalten. Eine negative Grundstimmung wird so befördert: Sir Walter Raleigh erklärt 1595, dass alle Mildtätigkeit gegenüber Einwanderern Verschwendung sei – weder verehrten sie die Königin, noch sollten sie

Gelder empfangen, die Engländern zustehen. Am schwierigsten haben es natürlich diejenigen Einwanderer, die sich äußerlich vom gewöhnlichen Engländer abheben – also Afrikaner, Türken, Muselmanen. Da sie meist keine Christen sind, entziehen sie sich dem englischen Wertesystem vollkommen – was sie doppelt zu Ausländern macht. Dies mündet in unverblümtem Rassismus, der im Übrigen nicht typisch englisch, sondern im Europa des 16. Jahrhunderts weit verbreitet ist. Türken mögen noch schlichte Heiden sein, »Zigeuner« aber sind alle Lumpen und Tagediebe, der Afrikaner schließlich ist dem Engländer vollkommen unverständlich und wird als »wild, monströs und verflegelt« abgetan. Shakespeare selber zeichnet in seiner brutalen Tragödie »Titus Andronicus« Aaron den Mohren als jemanden, dem Mord, Vergewaltigung und Massaker nicht fremd sind. Erst sehr viel später, 1604, hat »Othello« edle, menschliche Züge. Sklavenhandel wird in England dennoch nie erfolgreich betrieben – Elisabeth befindet, es gebe schon genug Arbeitslose in England –, nur schwarze Diener werden Mode. Die Königin selber hat bereits um 1574 »Mohren« in ihrem Dienst und stellt auch schwarze Musikanten und Tänzer ein.

England öffnet sich der Welt, vom Seefahrer bis zum Daheimgebliebenen, der ins Theater geht, um mehr von dem großen Jenseits-der-Insel zu erfahren. Tatsächlich sind Shakespeares Stücke ein Panorama der Welt: das ländliche England, Padua, die Schlachtfelder von Bosworth und Agincourt, das antike Rom, Ephesus, Navarra, Athen, Venedig, Messina, Elsinore, Windsor, Illyria, Troia, Zypern, Wien, das Roussillon, Paris, Florenz, Wales, Ägypten, Sizilien, Böhmen und eine unbekannte Insel im Sturm, die irgendwo zwischen dem Mittelmeer und der Karibik liegt. Auch wenn diese Auswahl von Schauplätzen noch eurozentrisch ist, so erwähnt Shakespeare

in »Coriolanus« Fremde aus »a world elsewhere«. Othello stammt aus Mauretanien (die Inspiration zu dem Stück stammt aus Giovanni Battista Giraldi Cinthios Geschichtensammlung »Gli Hecatommithi«), Caliban hat eine algerische Mutter, und Shylock sowie Tubal sind in die jüdische Diaspora geboren. In »Verlorene Liebesmüh« verkleiden sich Höflinge als »Moskowiter«, in »Timon von Athen« tanzen Amazonen. Shakespeares physische Welt ist europäisch, sein Geist aber fliegt viel weiter und führt globale Konversation. Der Orient lockt und betört speziell als die Heimat anziehender, geheimnisvoller Weiblichkeit; doch Shakespeare spricht auch über das Land der aufgehenden Sonne – »China Dishes!« (»China – Teller«) – in »Maß für Maß«, über Indien – »They made Britain India: every man that stood showed like mine« (»Morgen schufen wir aus England Indien. Jeder wie er stand glich einer Mine«) – und über Afrika – »I speak of Africa and golden joys« (»Von Afrika red ich und goldner Lust«) – in »Heinrich IV.«. Gleichzeitig spart das elisabethanische Zeitalter nicht mit Vorurteilen: Italiener sind Diebe und Niederländer Langweiler. Mit den Franzosen ist das Verhältnis schon aufgrund der langen und von Kampf geprägten gemeinsamen Geschichte kompliziert.

Am Ende des 16. Jahrhunderts setzen sich William Shakespeare und die anderen sharers (die Anteilseigner) des neu zu gründenden Theaters zusammen, um einen Namen für ihr Haus zu finden. Es soll ein Name sein, der auf den Aufbruch in eine neue Zeit verweist und der das Volk anlocken soll, ein Name, der besser ist als »The Curtain«, »The Rose« oder eben einfach »The Theatre«, ein Name, der alles ausdrückt, worum es geht auf dieser Bühne. Hier wird die Welt eingefangen! Am Ende nennt William Shakespeare sein Haus schlicht und einfach: »The Globe«.

Rechts: Die Welt ist eine Bühne – die Handlung in Shakespeares Stücken spielt in aller Herren Länder, und er setzt immer wieder auf Exotisches.

Sehr verehrtes Publikum!

Eine Gesellschaft im Wandel

Oben: Frauen in Williams Welt –
die Gleichheit der Geschlechter kann
selbst der radikale Wandel im
16. Jahrhundert nicht befördern.

Rechte Seite: Magna Charta, ja
sicher, aber Elisabeth ist eher
zurückhaltend, wenn es darum geht,
ihr sehr weltliches Parlament
einzuberufen – »L'Etat, c'est Elle«.

Das Theater und das Schauspiel in William Shakespeares Tagen vereint eine Gesellschaft, die ebenso im Wandel ist wie die Welt um sie herum. Königin, Adel, Kaufmann, Handwerker, Bauer, Tagelöhner – sie alle lieben es, den Alltag für einen Abend lang zu vergessen, frech und lustig einen Spiegel vorgehalten zu bekommen, von anderen Ländern und Sitten zu hören oder über das eigene Dasein nachzudenken. Ein Faktor prägt Williams Welt mehr als alle anderen: Englands Bevölkerung wächst, und zwar für das damalige Verständnis in geradezu unerhörtem Tempo. In den zwei Jahrhunderten vor Elisabeths Regierung muss das Land sich wiederholt vom Schwarzen Tod erholen. Während ihrer Herrschaft wächst die Bevölkerungszahl in England um 30 Prozent von 3,1 Millionen auf 4,1 Millionen Menschen an. Die Zeichen der Zeit sind überall zu erkennen: Städter sehen neue Häuser wie Pilze aus dem Boden schießen. Die Landbevölkerung sieht mehr verarmte Menschen in völlig unsicheren Lebensumständen als je zuvor. Erst in der Zeit der industriellen Revolution wird England wieder eine ähnliche Entwicklung erleben.

Was ist der Grund für dieses Bevölkerungswachstum? Dazu gibt es ganz unterschiedliche Theorien. Ja, es dürfen nun auch Priester und ehemalige Mönche heiraten und eine Familie gründen. Zudem gibt es keine großen Kriege oder Plagen, die die Bevölkerungszahl verringern. Wesentlicher aber

ist die zuverlässige Versorgung mit Nahrungsmitteln. Regelmäßige Mahlzeiten begründen für viele existenzielle Sicherheit. Wer weiß, dass er eine Familie ernähren kann, der heiratet und hat Kinder. Viele Kinder, denn die Säuglingssterblichkeit ist weiterhin hoch. In Stratford-upon-Avon werden in der Zeit um Williams Geburt in einem Jahr 64 Kinder getauft und 43 begraben. Außerdem ist das elisabethanische England sehr jung: Der Durchschnittsmann in William Shakespeares Zeit ist 22 Jahre alt – und benimmt sich trotz seiner relativ geringen Lebenserwartung wie ein Kindskopf, der ständig in Streit und Querelen gerät. Doch wer 30 wird, hatte auch gute Chancen, 60 zu werden! »Alt« sind Menschen in Shakespeares Zeiten dann, wenn sie über 50 werden – dennoch wird von ihnen erwartet, genauso hart wie zuvor zu arbeiten. Ein Mann von 60 Jahren kann noch zur Armee eingezogen werden.

Trotz dieses Wandels leben die Menschen in Shakespeares England noch immer in einer streng hierarchisch geordneten Gesellschaft: Ganz oben, scheinbar unangreifbar, steht die Königin. Sie ist nach ihrer Halbschwester Maria I. die zweite Frau in der Geschichte Englands, die auf dem Thron sitzt. Anders als jene ist sie allerdings waschechte Engländerin, bis in die dritte Generation vor ihrer Geburt, und das sichert ihr einen festen Platz im Herzen der Engländer. Diese fürchten Elisabeth jedoch im gleichen Maße, wie sie sie lieben. Im Umgang mit ihr gibt es einige eherne Regeln, die der Schweizer Thomas Plattner im Jahr 1599 festhält: »Drei Dinge sind bei Todesstrafe verboten. Erstens darf niemand sich laut darüber verwundern, ob die Königin wirklich noch Jungfrau ist. Zweitens darf niemand ihre Regierung anzweifeln. Drittens ist es verboten, sich über ihre Nachfolge Gedanken zu machen…«

Sie ist hochgebildet, hört auf Ratschläge, akzeptiert politisch selbstbewusst die Vielfalt ihres Königreichs, beruft das Parlament eher mürrisch nur zehn Mal während ihrer langen Regierung ein, ist friedliebend, fürchtet den Konflikt jedoch nicht. Und mehr als alles andere LIEBT Elisabeth ihr Land. Geht es königlicher?

Es geht: Zu Zeiten Shakespeares wird der englische Adel mit Absicht schwach gehalten. Nach der Hinrichtung des letzten königlichen Herzogs, des Duke of Norfolk, im Juni 1572, ernennt Elisabeth wie schon ihr Großvater Heinrich VII. kaum neue Markgrafen oder Grafen – gerade mal ein paar Barone hier und da. Ihre Cousine Lady Catherine Grey – die Schwester der unglücklichen, nach nur neun Tagen Herrschaft hingerichteten Königin Lady Jane Grey – lässt sie in den Tower werfen, als jene insgeheim heiratet. Die Kinder des Paares werden für illegitim erklärt. Desgleichen werden auch die Bischöfe in relativer Machtlosigkeit gehalten. Denn sie sind ja nicht mehr im Dienste Roms unterwegs, sondern unterstehen ebenfalls Elisabeth I. Wer gegen die Königin revoltieren will, hat hierfür weder im weltlichen Adel noch im Klerus eine Basis. Das Parlament besteht aus 57 »Peers«, die sich untereinander allerdings kaum als ebenbürtig betrachten. Ältere Titel haben Vorrang vor jüngeren, gerade geschaffenen. Und dann ist da natürlich das liebe Geld. Gerade zwei oder drei Adlige haben Einkünfte von über 10 000 Pfund im Jahr; die anderen leben von 300 bis 800 Pfund. Im Vergleich dazu hat Elisabeth Einkünfte von über 300 000 Pfund! Wofür wird das Geld ausgegeben? Henry Percy, der 9. Graf von Northumberland, fasst es ganz nonchalant so zusammen: »Habichte, Jagdhunde, Pferde, Würfelspiele, Karten, Kleider, Geliebte …« Wenigstens bleiben ihm als Hochadligem der Schuldturm wie auch die Folter erspart – theoretisch!

Wer aber beherrscht England dann tatsächlich außer der Königin? Wer lenkt die Geschicke der Insel auf Mikroebene, wenn nicht der Adel? Es sind die Landbesitzer, die sogenannte gentry. Auf der Insel gibt es 500 Ritter mit großen Gütern und etwa 15 000, denen ihr Land genug einbringt, um sich nicht anderweitig verdingen zu müssen. Doch auch hier ist die Beziehung zwischen Wohlstand und Status vielfältig und kompliziert. Das jährliche Einkommen der gentry ist zehn Mal so hoch wie das des Adels! Dazu kommt, dass der Einfluss der Landbesitzer gewaltig ist, denn sie kontrollieren nicht nur die Bauern und die Tagelöhner, sondern stellen auch die 1400

Oben: Bei Festen zeigen Adel, Bürger und Bauern ihren Status und Wohlstand.

Rechte Seite: Englands Handel explodiert – Körbe, um all die Waren zu transportieren, müssen in Windeseile hergestellt werden.

Friedensrichter. Sir Walter Raleigh drückt es folgendermaßen aus: »Die Gentry ist die Bastion, die Recht und Ordnung im Reich aufrechterhält!« Elisabeth studiert die Liste der Friedensrichter stets mit großem Interesse – und macht die persönliche Bekanntschaft von vielen während ihrer pompösen Reisen quer durch England. Diese teuren Exkursionen dienten genau diesem Zweck: Das Volk sieht Elisabeth, und Elisabeth sieht ihr Volk.

Wenn sich die gentry nicht anderweitig verdingen muss, wer tut es dann? Welche Berufe werden zu Shakespeares Zeiten ausgeübt, neben dem Handwerk, den Schneidern, Webern, Seilern, Bäckern, Brauern, Metzgern, Goldschmieden, Handschuhmachern, Filzern, Schreinern, Zimmerern, Sattlern, Steinmetzen, Apothekern, Schmieden, Schustern, Glasern, Kürschnern, Gerbern, Färbern oder Buchbindern, die überall vom Norden bis in den Süden der Insel tätig sind?

Traditionell kennt das elisabethanische England nur drei weitere Bereiche, in denen man tätig werden kann – wobei in diesen der Beruf eher als Berufung bezeichnet werden muss: das Recht, die Kirche und die Medizin. Will man sich hier ausbilden lassen, bedeutet dies zwar erheblichen zeitlichen wie auch finanziellen Aufwand, aber einem jungen, ehrgeizigen Mann eröffnen sich auch die größten Aufstiegschancen: Die Absolventen sonnen sich im Glanz eines Universitätsabschlusses – diesen hat meist nicht einmal ein Lehrer –, und ein lebenslang gutes Einkommen ist gesichert. Shakespeare selbst bekommt den Snobismus der universitär erzogenen Elite zu spüren. Ja, sicher, er kann mit New Place das größte Haus am Platz kaufen und wird durch seine Anteile am »Globe« zu einem wohlhabenden Mann. Gleichzeitig jedoch wird sein neu erworbenes Wappen als das von »Shakespeare, dem Spielmann« lächerlich gemacht.

Die Kirche kümmert sich lebenslang um ihre Schafe, und noch heute ist England übersät mit wunderschönen Bauten neben den Gotteshäusern, in denen Priester sicher und ruhig lebten – den vicarage. Bequem und mit dem gewissen Hauch Eau de Chien ausgestattet, sind sie noch immer das hübscheste Aushängeschild der Church of England. Anwälte sind beinahe so gut ausgebildet wie ihre heutigen Kollegen und verdienen oft Tausende von Pfund. Zudem können sie auf eine Erhebung in den Adelsstand hoffen – eine Ehre, die keinem von Elisabeths Ärzten oder Aderlassern zuteilwird. Die Medizin ist unter den drei »Berufungen« diejenige, die am wenigsten einträglich ist und sozial am geringsten respektiert wird. Ärzte in den Tagen William Shakespeares laborieren noch immer gefährlich nahe am Quacksalber.

In den Städten ist eine andere Berufsgruppe wichtig: die Kaufleute. Doch auch hier gibt es gewaltige Unterschiede. Die reichsten Londoner Händler können zu Shakespeares Lebzeiten jährlich bis zu 40 000 Pfund verdienen. Kleine

Händler dagegen fristen bei acht Pfund jährlich ihr Dasein. Dennoch sind sie im sozialen Netz der Städte und der wachsenden städtischen Gemeinschaften unabdingbar: als Umschlagplätze für Waren ebenso wie für Neuigkeiten und Gerüchte.

Starke Unterschiede zwischen Arm und Reich gibt es auch auf dem Land, wo am einen Ende des Spektrums

Rechte Seite: Raus hier! Arm und Vagabund, das kam einem Todesurteil gleich.
Unten: Ein Mörser, um Heilkräuter zu zerstoßen.

Gentlemen in ihren großen Höfen und Häusern residieren. Am anderen Ende der gesellschaftlichen Skala stehen wandernde Bettler; irgendwo dazwischen Tagelöhner, Freibauern und Landarbeiter. Gentlemen besitzen Land, aber bearbeiten es nicht selbst – sie lassen arbeiten. Ein Freibauer dagegen hat wohl eigenes Land, meist aber pachtet er noch einige Hektar dazu und stellt Landarbeiter ein, um jene zu bestellen. Tagelöhner dagegen besitzen kein eigenes Land, sondern pachten oder bestellen fremde Äcker. Viele Freibauern werden in Shakespeares Tagen sehr wohlhabend. Oft sind sie sparsam, zahlen nur geringe Pacht auf fremde Äcker, und der Wert ihrer Ernten steigt stetig. Zudem verbietet es ihnen die strikte Hierarchie, mit ihrem Besitz zu protzen. Schuster, bleib bei deinen Leisten!

Der »Bodensatz« der elisabethanischen Gesellschaft sind die Menschen, die für die Gemeinschaft eine Bürde sind. Außer der Familie gibt es in diesen Tagen kein soziales Netz. Wer alleinsteht, tut dies im wahrsten Sinne des Wortes: Seien dies Behinderte, Arme, Alte, Waisen oder Kranke. Was heißt arm? Jemand, der nach damaliger Einschätzung very poor ist, mag zwei Penny im Jahr erhalten. Der Eintritt in das »Globe«, um als groundling eines von Shakespeares Stücken zu sehen, kostet bereits einen Penny. Laut einer Schätzung wandern 1577 bis zu 10 000 Arme und Bedürftige durchs Land – und diese Zahl schließt noch nicht einmal die Bettler in den Städten und Dörfern mit ein. Sie werden oft als »Zigeuner« bezeichnet, und man begegnet ihnen wie allen Fremden mit tiefem Misstrauen. Ein Gesetz aus dem Jahr 1530 spricht diesen Menschen jegliche Rechte ab – sie sind vogelfrei. 1563 verschärft Elisabeth diese Anordnung noch: Schon Menschen, die sich zusammen mit »Zigeunern« herumtreiben, können gehenkt werden! Im Jahr 1601 beklagt sich Stratford-upon-Avon über 600

Arme in seinen Straßen, und das bei 2500 Einwohnern! Im Allgemeinen haben die Menschen wenig Mitleid mit den Armen, sei ihr Los selbst verschuldet oder nicht. Am besten, man peitscht sie aus der Stadt, wo sie dann irgendwo am Wegrand verhungern! Armut ist wie ein ansteckendes Stigma. Im Jahr 1589 verbietet das Parlament jedem Engländer, einem heimatlosen Armen auch nur Zuflucht zu gewähren.

Diese Einstellung den Armen und Bedürftigen gegenüber ändert sich nur langsam. Zuerst werden Dörfer und Städte dazu angehalten, Geld in die Fürsorge zu investieren. 1597 wird diese institutionalisiert – Waisen oder verwahrloste Kinder werden als Lehrlinge in Betrieben untergebracht,

und ein Teil der Steuern muss für Bedürftige verwendet werden. Dies ist der Grundstein für den Sozialstaat – wenn auch nur ein ganz, ganz kleiner. Hospitäler und Arbeitshäuser werden gebaut. Auch wenn diese Arbeitshäuser für uns heute mit Horrorvorstellungen von Schmutz und sklavengleicher Arbeit verbunden sind – damals bedeuteten sie Rettung vor dem Vagabundieren und damit vor dem sicheren Tod.

Außer Armut und Reichtum teilt die elisabethanische Gesellschaft auch die Geschlechterzugehörigkeit. Von Gleichheit zwischen Mann und Frau kann keine Rede sein. Wenn schon in dieser Gesellschaft zwei Männer nicht von Geburt an gleich sind, wie soll dann Gleichheit zwischen den Geschlechtern herrschen? Die Kirche macht sich die Erklärung einfach: Gott habe Männer und Frauen ja schon körperlich verschieden geschaffen, dieser Unterschied wirke sich natürlich auch im täglichen Leben aus. Wenn William Shakespeare ein Durchschnittsmann seiner Zeit ist, dann misst er etwa 1 Meter 72; Königin Elisabeth ist hingegen maximal 1 Meter 58 groß. Ihre verhasste Cousine Maria Stuart muss den Menschen in Shakespeares Tagen wie eine Riesin vorkommen – sie hat angeblich ein Gardemaß von 1 Meter 80. Obwohl England von einer Königin regiert wird, haben Frauen – sofern sie verheiratet sind – sehr wenige Freiheiten. Sie können weder Friedensrichter noch Anwälte noch Bürgermeister werden. Es ist nur eine weibliche Chirurgin verbürgt, als Hebammen allerdings dürfen Frauen praktizieren. Witwen von Kaufleuten oder Handwerkern ist gestattet, das Gewerbe des verstorbenen Mannes auch weiterhin auszuüben – aber auch dies wird nur zähneknirschend geduldet, damit die Familie nicht am Hungertuch nagen muss.

Solange eine Frau dagegen unverheiratet ist, kann sie frei reisen, beten, schreiben und wie ein Mann ihren Interessen nachgehen. Weshalb sich also dem Joch der Ehe unterwerfen, weshalb den Tod im Kindbett riskieren? Die Autorität in einem Haushalt liegt beim Mann, vor dem Gesetz und im häuslichen Beisammensein. Ihm ist erlaubt, »einen Vogelfreien, einen Verräter, einen Heiden, einen Bösewicht und seine Frau« nach Gusto zu schlagen. Weshalb also heiraten? Diese Frage stellt sich gar nicht: Die Frau hat keine Wahl. Ihre Alternativen zur Ehe sind Unglück, Einsamkeit, Armut und Hunger. Im Falle einer Heirat kann die Frau frei über ihren Haushalt bestimmen und profitiert vom Status ihres Mannes. Interessanterweise ist die typische Familie in Shakespeares Tagen keine Großfamilie: Nur etwa zehn Prozent der Ehepaare leben mit ihren Eltern oder Schwiegereltern zusammen. Gleichzeitig übernimmt der

Mann die volle Verantwortung für das Handeln seiner Frau – auch für ihre Schulden. Kein Wunder, dass in adligen oder wohlhabenden Familien jede Eheschließung sorgfältig erwogen und verhandelt wird. Mädchen sind nach Ansicht von Shakespeares Zeitgenossen schon mit 16 Jahren reif für die Ehe, den ehelichen Beischlaf und eine mögliche Geburt. Und so fleht die Gräfin Capulet in »Romeo und Julia« ihren Mann an: »My child is yet a stranger to the world – she hath not seen the change of fourteen years; let two more summers wither in their pride, ere we may think her ripe to be a bride!« (»Mein Kind ist noch ein Fremdling in der Welt, Sie hat kaum vierzehn Jahre wechseln sehn. Lasst noch zwei Sommer prangen und verschwinden, eh wir sie reif, um Braut zu werden, finden!«) Doch auch mit 16 Jahren ist eine Frau im elisabethanischen England noch sehr jung für eine Ehe. Durchschnittlich ist der Mann bei der Eheschließung 26 Jahre und die Frau 23 Jahre alt. Ausländer dagegen, die Shakespeares England bereisen, finden, dass Frauen hier viel mehr Freiheiten haben als anderswo. So schreibt der Schweizer Thomas Plattner: »England ist ein Paradies für Frauen, ein Gefängnis für Diener und die Hölle für Pferde!«

Er beobachtet übrigens auch, dass viele Ehefrauen ihre Männer schlagen. Überrascht? Mitnichten. Gewalt, Streit, verbale Auseinandersetzungen und mit der Waffe ausgetragene Kämpfe gehören zu William Shakespeares Welt wie der Sonnenauf- und untergang.

Rechte Seite: Die Herrin im Haus – nur die Heirat erlaubt einer Frau relative Selbständigkeit. Am besten aber ist es, verwitwet zu sein ...

Schwerter & Scharmützel

Streit in Shakespeares Tagen

Oben: Mein schönes Kind – König Lear trauert um seine Tochter Cordelia.

Rechte Seite: Ein eher unappetitliches Stück ist »Titus Andronicus«: Es wird vergewaltigt, verstümmelt und zu einem kannibalischen Festmahl geladen.

Gewalt gehört zum Alltag von William Shakespeare – und dies spiegelt sich in seinen Stücken. Es wird vergewaltigt, Hände werden abgeschnitten – beides in »Titus Andronicus«, Augen ausgestochen wie in »König Lear«, auf der Straße wird sich mit tödlichem Ausgang duelliert, allen Verboten zum Trotz, wie in »Romeo und Julia«, Kinder werden den Eltern zum Fraß vorgesetzt – noch einmal »Titus Andronicus« –, und es wird auch mal ein Pfund Menschenfleisch als Gegenleistung für einen Kredit versprochen, so wie in »Der Kaufmann von Venedig«.

Tatsächlich ist Gewalt und lässige, gleichgültige Grausamkeit ein Merkmal des elisabethanischen Englands. Der Venezianer Michel Soriano beklagt: »Den Engländern passt nichts Neues, sie stehen Fremden feindselig gegenüber und gehen auch miteinander nicht sehr freundlich um. Sie wollen ausführen, was ihnen gerade in den Sinn kommt, und das sofort. Kein Wunder, dass es in diesem Land zu mehr Aufständen kommt als anderswo!«

When life imitates art – oder ließ sich Shakespeare mehr von dem Leben vor den Toren des »Globe« inspirieren als andersherum? Auch wenn sich die Oberschicht der Adeligen, Ritter, Landbesitzer und reichen Kaufleute friedlich gibt, auf den Straßen wird geraubt, vergewaltigt und gemordet, was das Zeug hält. Auf dem Hinrichtungsplatz Tyburn stecken

eigentlich immer Köpfe von Gewaltverbrechern auf den Piken – dennoch, wirklich abschrecken tun diese gruseligen Schädel anscheinend niemanden. Zutiefst menschlich ist der Gedanke, man selber käme sicher davon und erwischt würden nur die anderen – doch zumeist ist das leider nicht der Fall. Gehängt wird so etwa ein Mann, der eine Magd, die er geschwängert hat, so oft in den Bauch tritt, bis sie eine Fehlgeburt erleidet und verblutet. Die Liste der tagtäglichen Gräueltaten ist lang und haarsträubend. Es gibt zwar den Tatbestand der Notwehr, doch nach einem Kampf wartet kaum einer ab, bis die Garde zur Stelle ist. Vielmehr macht sich der Mörder aus dem Staub, und die Leiche bleibt am Tatort zurück. »I am hurt. A plague a both houses! I am sped …« (»Sonst sink ich hin. Am teufel, Eure Häuser! Sie haben Würmerspeis aus mir gemacht«), klagt Mercutio, als Thybalt ihn ersticht und damit Romeo zur Rache an ihm, Julias Vetter, zwingt. »Romeo und Julia« ist für uns ein romantisches Stück, aber es ist genauso eine Geschichte, die von streitsüchtigen und übermütigen Jugendlichen erzählt, von der allgegenwärtigen Gewalt ebenso wie von Ohnmacht, Desinteresse und Autorität. Nur am Ende, als er bei den toten Körpern der Liebenden steht, sieht der Prinz von Verona ein, dass es seine mangelnde Initiative war, die zu diesem Drama führte: »Nur düsteren Frieden bringt uns dieser Morgen … kommt, offenbart mir ferner, was verborgen, ich will dann strafen oder Gnad erteilen.«

Natürlich kommt es oft zum Streit in den Tavernen – das damals noch viel stärkere Ale wird hier wie Wasser genossen, und wenn ein Wort das andere gibt, ist das Messer schnell gezogen. Eines der bekanntesten Opfer einer solchen alltäglichen, tödlichen Streiterei im London Shakespeares ist der Barde und Poet Christopher Marlowe. Marlowe, der Autor von »Doktor Faustus« und anderen Stücken, wird am 30. Mai 1593 während eines Streites um eine offene Rechnung in einer Kneipe erstochen. Der in Cambridge erzogene und neben William Shakespeare wohl wichtigste Dramatiker ist in vielen Dingen dessen Vorbild und Vorgänger. Marlowe sind allerdings Händel nicht fremd – schließlich soll er für Sir Francis Walsingham als Geheimagent gearbeitet haben und wird abwechselnd als »Flegel«, »Spion«, »Raufbold«, »Duellist« und »Heide« bezeichnet. Der Dolch seines Angreifers – die Klinge soll gerade mal so lang wie ein Mittelfinger gewesen sein – trifft den großen Dichter oberhalb der linken Braue, er ist sofort tot.

Jeder Mann, so kann man annehmen, ist bewaffnet, wenn er auf den Straßen der Stadt spazieren geht, sei es mit einem Dolch, der gut und gern zwei Mal so lang wie ein Tranchiermesser sein kann, oder mit einem leichten, für alle gut sichtbaren Degen. An der South Bank Londons, wo sich rund um das »Globe« und die schon vor diesem hier existierenden Schenken, Bordelle und Bärenzwinger das Vergnügungsviertel der Stadt befindet, herrscht ein rauer Umgangston. Hier seine Waffe offen zu zeigen, ist fast schon selbstverständlich für die herumstreifenden, bunt gekleideten, streitbaren jungen Männer – wahre Gecken. So selbstverständlich, dass Shakespeare Jugendliche insgesamt als blade, Klinge, bezeichnet. Abends sind sie in Rudeln unterwegs, bereit, sich die Hörner abzustoßen: Elegant zu kämpfen, gehört hier ebenso zum guten Ton, wie einer Angebeteten kunstvolle Verse zu widmen. Mercutio sagt in »Romeo und Julia«: »He fights as you sing prick-song: keeps, time, distance and proportion. He rests his minim, one, two, and the third in your bosom. The very butcher of a silk button. A duellist, a duellist. A gentleman of the very first house, of the first and second cause. Ah, the immortal passado! The punto reverso! The hay!« (»Er ficht, wie Ihr ein Liedlein

Oben: Nimm das! Der Tod
durch die Klinge ist ein alltäglicher
zu Shakespeares Zeiten.

Links: Elisabethanische Effizienz – In Tyburn können drei Bösewichte auf einmal gehenkt werden…

singt, hält Takt und Maß und Ton. Er beobachtet seine Pausen; eins – zwei – drei; dann sitzt Euch der Stoß in der Brust! Er bringt Euch einen seidnen Knopf unfehlbar ums Leben. Ein Raufer, ein Raufer! Ein Ritter vom ersten Range, der Euch alle Gründe eines Ehrenstreits an den Fingern herzuzählen weiß. Ach die göttliche Passade! Die doppelte Finte!«) Die Meinungsstreitigkeit ist hier Anlass für Shakespeare, sich über die beste Art des Fechtens auszulassen. Die englische Art zu kämpfen war langsamer, schwerfälliger, während er Thybalts Fechtkunst mit neuen, italienischen Ausdrücken beschreibt. Julias Vetter kämpft nicht nur auf die elegantere Art, sondern auch unerwartet tödlich. Shakespeares Bild lässt sich natürlich auf die Familien übertragen: Mercutio und Romeo gehören einer rechtschaffenen Familie an, die sich an den alten Sitten orientiert. Thybalt dagegen wird als Vertreter neuer Sitten mit tiefem Misstrauen begegnet!

Die offene Gewalt auf den Straßen Englands wird der Königin bald zu viel. Im Jahr 1562 legt ein Gesetz fest, wie lang Degenklingen sein dürfen. Im Jahr 1573 erlaubt eine neue Vorschrift nur Söhnen von Rittern und Adeligen, Sporen, Schwerter, Degen, Dolche zu tragen. Große Wirkung zeigt das nicht. Die Kämpfe und Duelle, die Shakespeare in seinen Stücken beschreibt, sind den Menschen seiner Zeit nur allzu vertraut. Im Allgemeinen kommen seine Stücke ohne größeren Fundus aus, aber in einem guten Dutzend sind Schwerter eine conditio sine qua non – man denke nur an Hamlet und Laertes, Hal und Hotspur in »Heinrich IV.« oder eben Thybalt und Mercutio in »Romeo und Julia«. Schwertkämpfe bieten den Zuschauern praktisch zwei Spektakel zum Preis von einem und sind so Garant für großen Erfolg. Den Schauspielern wird jedoch einiges abverlangt, denn sie kämpfen live, und zwar mit echten Waffen, was Übung voraussetzt. Manchmal ist das allerdings nicht genug: Gabriel Spencer, Schauspieler der »Admiral's Men«, ersticht 1596 einen Mann und wird selbst nur zwei Jahre später nach einem heftigen Wortwechsel von dem bekannten Dramaturgen Ben Johnson getötet. Johnson entgeht erstaunlicherweise der Todesstrafe – ihm wird auf seinen Daumen allerdings ein »T« für Tyburn eingebrannt.

Es empfiehlt sich, vorbereitet die Bühne zu betreten: Einer der bekanntesten Schauspieler seiner Zeit, Richard Tarleton, ist sogar ein »Master of Fencing«, das heißt er muss, um diesen Titel zu führen, sieben andere Meister besiegt haben. Shakespeare setzt Schwertkämpfe und Streitigkeiten auch mit der Absicht ein, komische Effekte zu erzielen, wie zum Beispiel in »Was ihr wollt«, wo Sir Andrew Aguecheek und Sebastian übereinander herfallen. Bei Tisch muss ein Herr seine Waffe ablegen – aber gilt das auch für den Theaterbesuch? Angeblich soll ein irischer Lord im Theater Blackfriars der Gräfin von Essex die Sicht genommen haben, worauf zwischen ihm und ihrem Begleiter ein Duell ausbrach. Und William Shakespeare selbst? Ihm wird nachgesagt, in einer Nacht des Jahres 1596 zusammen mit drei Kumpanen einem anderen Mann namens William Wayte aufgelauert und diesen mit dem Degen in »Todesangst« versetzt zu haben. Life imitates art, and art imitates life.

Rechts: … doch Elisabeth macht sich nie selber die Hände schmutzig. Ihr Geheimdienst sucht noch heute seinesgleichen.

Zu Tisch!

Gaumenfreuden

Oben: Buttermilch, von Hand gepresst.
Rechte Seite: Das Auge isst mit – ein schön geschmückter Tisch der Tudor-Zeit.

Was isst und trinkt man in den Tagen der Tudors in England? Ganz klar, was die leiblichen Genüsse betrifft, ist das Mittelalter noch lange nicht vorbei. Am liebsten verzehrt man Schwäne und Singvögel, oder etwa nicht? Der Wein ist sauer, aber so stark, dass man nach seinem Genuss Gott sei Dank das Essen vergisst. Dass dieses ranzig oder faul ist, bleibt unter einer Unzahl von Gewürzen verborgen, die uns heute den Magen umdrehen würde. So weit die herrschenden Vorurteile, mit denen die Wahrheit sehr wenig gemein hat.

Die Küche in den Tudor-Tagen ist viel kultivierter, als man meinen möchte, und von Einflüssen inspiriert, die mit der beginnenden Expansion des englischen Reiches stetig zunehmen. Vor allen Dingen aber ist Nahrung eines: wertvoll. Das Wohl oder Wehe der Menschen ist eng mit den Jahreszeiten verbunden und hängt vom Erfolg oder Misserfolg der Ernte ab. Diese entscheidet im elisabethanischen England über die Üppigkeit der Mahlzeiten und den Preis der Grundnahrungsmittel wie Weizen, Eier, Butter oder Speck. Der Herbst bringt Obst und Gemüse, das den ganzen Winter bis tief in den Frühling hinein konserviert werden muss, in Salz oder Sülze. Es gibt genaueste Regeln darüber, wie eine gute Hausfrau welche Lebensmittel aufzubewahren hat: Wein und Fleisch getrennt, Trockenes in der Speisekammer mit dem

den Tisch der Vermögenden. Geschlachtet wird meist am Martinstag, und selbst frischen Fisch gibt es in England – das doch gerade das Meer als neuen Wirtschaftsraum entdeckt und dessen Königin ihre Flotte in Friedenszeiten zum Fischen einsetzt – nur im Frühjahr und Sommer. Nur dann nämlich lohnt sich selbst der kurze Transport einige Meilen landeinwärts. Dabei erklärt Elisabeth neben dem Freitag und dem Samstag auch den Mittwoch noch zum fleischfreien Fastentag, ein Schachzug, der der Fischerei zusätzlichen Auftrieb verschaffen soll.

Wie sieht es sonst mit Angebot und Nachfrage bei Nahrungsmitteln aus? Die elisabethanischen Kaufleute handeln mit regem, aber gewiss nicht immer gemeinnützigem Geschäftssinn. Nicht alle Lebensmittel werden gleichzeitig auf den Markt gebracht. Man wartet den günstigsten Zeitpunkt ab und hortet, obwohl dies gesetzlich verboten ist. Im Februar kostet eine Speckseite doppelt so viel wie im Dezember! Auch William Shakespeare ist da nicht unbescholten: Im Jahr 1597 werden zehn Kaufleute in Stratford-upon-Avon des Hortens für schuldig befunden, darunter auch er, weil er Malz zurückgehalten hatte. Diese Manipulationen kommen das elisabethanische England teuer zu stehen: Die Hungersnot von 1594–1597 fordert beinahe ebenso viele Menschenleben wie die Pest, die knapp 30 Jahre zuvor wütet.

In William Shakespeares Welt genießt man gerade wegen der ständigen Nähe des Todes sein Leben: Essen ist notwendig, aber eben auch etwas Besonderes und deshalb ein Vergnügen – genau wie der Theaterbesuch. Als am Ufer der Londoner South Bank die ersten Ausgrabungen am Ort des historischen »Globe« stattfinden, staunen die Archäologen nicht schlecht: Sie finden Scherben über Scherben – Glas wie auch Ton –, die offensichtlich von Bechern, Tellern und Töpfen

Leinen und dem Brot, Feuchtes und Eingemachtes von Pflaumen, Quitten, Kirschen und Hagebutten dort, wo auch die Butter gerührt und der Käse angesetzt wird. Obst dagegen wird auf Stroh gelagert: Wichtig ist, gleich große Früchte ohne Druckstelle zu wählen, die noch einen Stängel haben. Dann heißt es, das Obst über Monate zu wenden, so dass sich nirgends Feuchtigkeit sammelt – und die Kinder von der Speisekammer fernzuhalten! Orangen und Zitronen werden in großen Mengen importiert, aber kommen wie Feigen eher auf

Linke Seite: Jagd und Ernte füllen die Vorratskammer eines Herrn.
Rechts: Essen zubereiten, das heißt alle Hände voll zu tun.
Unten: Dankesgebet zu Zeiten Shakespeares – auch am Tisch herrscht strenge Hierarchie.

stammen. Darüber hinaus ist der Boden, dort wo die ground-lings gestanden haben, übersät mit Schalen von Nüssen und Miesmuscheln. Wählen zu können, was man verzehrt, ist ein unerhörter Luxus – eigentlich isst man das wenige, was auf den Tisch kommt!

Doch die Londoner South Bank bietet neben den anderen Vergnügungen in den Tagen William Shakespeares natürlich auch alle nur denkbaren Gaumenfreuden. Nicht anders als heute, wo man im Theater in den Pausen Lachs-häppchen und Champagner genießt oder sich während einer Kinovorführung mit Nachos, Popcorn und Coca-Cola stärkt, kaufen auch die vergnügungslustigen Engländer in Elisa-beths Reich Essen aller Art vor der Vorführung – sei es die im Theater oder eben ein Bären- und Hahnenkampf. Im »Globe« sind Nüsse anscheinend am populärsten – Archäologen wa-

ten während der Ausgrabung geradezu in Schichten von Nuss-schalen! Dazu gönnt man sich jede Menge frisches Obst, wie Trauben, Feigen, Pflaumen, Birnen und Kirschen. Andere Schalen stammen von Meeresfrüchten – Mies- und Stab-muscheln ebenso wie Austern (zum Öffnen erweisen sich dann wieder die Messer und Dolche als praktisch!). Austern sind damals ein Armeleuteessen und Austern-Mägde – junge Mäd-chen, die diese auf den Straßen verkaufen – ein alltäglicher Anblick. Dazu trinkt man Bier oder Ale – im elisabethanischen England übrigens zwei sehr verschiedene Getränke, sowohl was ihre Zusammensetzung als auch was die Haltbarkeit an-geht. Jedes Mal, wenn eine der gashaltigen Flaschen geöffnet wird, zischt es – neben dem Gemurmel der Verkäuferinnen, die den Zuschauern stetig etwas zu essen anbieten, eines der vielen Geräusche, mit der die Schauspieler auf Shakespeares Bühne im Kampf um die Aufmerksamkeit der Zuschauer konkurrieren.

Was aber speisen die Reichen und Adeligen in den teureren Rängen oder den privaten Boxen des Theaters? Sie verlassen sich nicht auf die Qualität der Speisen, die Straßenverkäufer oder Frauen feilbieten, die mit großen Körben zwischen den groundlings umherstreifen. Besser ist es da, sein eigenes Essen mitzubringen – sei es sweatmeats, Marzipan (das mit Safran, Eigelb, Milch, Blattgold oder Spinat eingefärbt wird), Ingwerbrot oder eben süße Pasteten. Zucker ist teuer, und nichts ist ein verlässlicheres Zeichen für Wohlstand als der Verzehr von Naschwerk. Wenn Shakespeare in seinen Stücken beschreibt, was gegessen wird, tut er dies auch, um den sozialen Status der handelnden Personen anzudeuten. Man ist, was man isst – gestern wie heute! So fragt der Vielfraß Falstaff nach potatoes – Kartoffeln waren bekannt, aber hatten noch den Hauch des Exotischen –, nach kissing comfits (Bonbons, die den Atem süßen) und eryngoes, der gezuckerten Wurzel einer Art wilder Petersilie, die an Ufern von Seen und Ozean wuchert.

Rechts: Die Königin isst von Silber, der Bürger von Zinn, der Bauer von Holz, der Bettler von der Hand in den Mund.

Und was isst man in den anderen Schichten der damaligen Gesellschaft? An Elisabeths Hof in Hampton Court Palace war das innerhalb eines Jahres Folgendes: Neben Tonnen an Gemüse und stark gewürztem und gesüßtem eingelegtem Obst kommen 1870 Schweine, 53 Keiler, 1240 Ochsen, 760 Kälber, 8200 Schafe und 2330 Hirsche auf den Tisch. Zu jedem Mahl, zu jedem Gang wird frisch gebackenes Brot gereicht. Getrunken werden Bier und Ale, dazu noch 300 Fässer Wein. Vom Wasser lässt der Engländer jeden Standes übrigens lieber die Finger – es ist meist vollkommen verseucht. Regenwasser wird für akzeptabel gehalten, alle anderen Rezepte erwähnen »Rosenwasser«.

Ebenso wichtig wie das Essen ist der Tischschmuck und das Geschirr: Teller, Becher, Platten und Terrinen – Elisabeth hat von ihrem Vater Heinrich VIII. über 50 goldene Becher geerbt. Sonst wird der Tisch mit Silber-, Zinn-, oder in armen Haushalten, Holzgeschirr gedeckt. Das Angebot an verschiedenem Fleisch und Fisch in einem auf Pracht und Ansehen bedachten adeligen Haushalt ist für das heutige Verständnis geradezu schockierend. Sir Francis Willoughby in Wollaton Hall beispielsweise hat unzählige Diener, die bei einem Festmahl (unter anderem) Rind, Kalb, Hammel, Lamm, Schwein, Huhn, Gans, Kaninchen, Wild und Taube servieren, und diese entweder gekocht, gegrillt oder geröstet, im Eintopf oder zur Pastete gebacken. Ein normales Essen besteht aus drei Gängen und kann mit Salat und gekochtem Ei beginnen –

eine Mode, die man aus Italien übernommen hat. Dazu wird ein Eintopf von Aal und Bricke gereicht, ein in Senf, Essig und Zucker marinierter Lachs, Karpfen oder Barsch. Der zweite Gang ist an einem Fleischtag – speziell sonntags nach dem Kirchgang! – schon verlockender. Kapaun in weißer Soße, Wildschlegel mit Beeren und Brühe, Fasan mit Zwiebeln, würzige Lammpasteten, Gans, Schweinebraten oder Schwan stehen auf der Speisekarte. Abgerundet wird das Mahl mit einem Banquet, einem Gang mit teuren Süßspeisen. Musikan-

ten spielen, und die Gäste erheben sich von ihren Plätzen, wandeln umher und unterhalten sich. Gereicht werden einge-legte Früchte, gefärbtes Marzipan und Götterspeise, die von den Köchen zu Tieren, Blumen und Obst geformt worden ist.

In einem gutbürgerlichen Haushalt finden sich ähnli-che Speisen auf dem Tisch, nur in sehr viel geringeren Mengen und gewiss keine Vögel wie Schwan, Reiher oder Storch. Der erste Gang ist vielleicht ein Eintopf aus Schinken und Erbsen, gefolgt von Rind mit Senf, Brot und Butter und schließlich einem Kuchen und Obst. Fisch wird meist gesalzen verzehrt, Hühnchen dagegen mit Stachelbeeren, Zucker und Zimt zur Pastete gebacken.

Am Tisch der Armen ist Schmalhans Küchenmeister: Brot ist am nahrhaftesten, ebenso wie Eintöpfe, in denen Fleisch als Geschmackszugabe mitgekocht wird, und seien es abgenagte Knochen. Ein Stück Fleisch in seiner Schale zu finden, ist ein Zeichen für Glück – daher der englische Ausdruck »Pot luck«. Ein Kürbis wird mit Äpfeln gestopft und gebacken; Obst wie Äpfel, Kirschen und Birnen wird eingelegt verzehrt.

Schon in Shakespeares Tagen macht man sich Gedanken über »gesundes« Essen – wichtig ist dabei der medizinische Wert von Speisen. Sir Thomas Elyot gibt in seinem Grundlagenwerk über Tudor-Speisen, »The Castel of Health«, genaue Anweisungen, die damals in weiten Kreisen der Gesellschaft gewissenhaft befolgt wurden. Salbei schärft den Geist, Lorbeer hilft gegen Gicht, Lavendel gegen Stress und ein Brei aus pulverisiertem Rhabarber beruhigt unwirsche, weil zahnende, Säuglinge. Lamm ist das gesündeste Fleisch, das man essen kann. Der Genuss von Fisch verdünnt das Blut, was gut für das Herz ist: Elyot fand dies Jahrhunderte vor der Erfindung von Aspirin heraus. Auf der schwarzen Liste allerdings steht frisches Obst – das, so Elyot, macht »schlechte Laune«, wahrscheinlich, weil es schwer zu verdauen ist! Die aus der neuen Welt eingeführten Tomaten werden überraschenderweise verdammt – die Pflanze stinke und habe keine guten Auswirkungen auf den Körper. Die Stauden werden in England nur wegen der Schönheit ihrer Früchte angepflanzt – wenn deren dekorativer Zweck erfüllt ist, werden die Tomaten an Schweine verfüttert.

Linke Seite: Reiben und Töpfe – Küchenzubehör aus der Zeit Shakespeares.
Rechts: Nach getaner Arbeit gibt ein dampfender, köstlicher Eintopf Kraft. Findet man ein Stück Fleisch darin, so ist das ein besonderer Glücksfall: »Pot luck!«

nun wird ihr Wert erkannt. Ein Edelmann verzehrt ein kleines Rund gebuttertes Weißbrot mit Salbei, ein süßes Omelette aus Eiern, Butter und Rosinen. Dazu trinkt er ein kleines Bier. Ein Schuljunge dagegen verzehrt höchstens eine Scheibe billiges, dunkles Brot, das er sich mit Kompott versüßt. Fleisch wird zum Frühstück normalerweise nicht gegessen. Damit es so weit kommt, musste England erst seine Bodenschätze entdecken: Das klassische english breakfast, ein Cholesterin-Schocker erster Güte, wird die Morgenmahlzeit der Bergwerksarbeiter, die die Nacht durchgearbeitet haben.

Allerdings gibt es Ausnahmen, wie die Tafel des Herzogs und der Herzogin von Northumberland. Hier wird neben einem Laib Weißbrot auch dunkles Roggenbrot gereicht, dazu gesalzener Fisch, sechs gebackene Heringe und ein Gericht aus Sardinen. Getrunken wird noch immer kein Tee – der wird erst populär, als sich der Einfluss der »English East India Company« ausweitet. Stattdessen kommen zwei Humpen Bier und zwei große Gläser Wein auf den Tisch. Es ist anzunehmen, dass am Tisch der Northumberlands gute Laune herrscht! Das Mittagessen – das interessanterweise dinner genannt wird – ist die Hauptmahlzeit im 16. Jahrhundert: Eingenommen wird es auf dem Land und von Arbeitern gegen elf Uhr, in der Stadt und in vermögenden Haushalten erst eine Stunde später. Gegen fünf Uhr folgt ein schlichteres Mahl, genannt supper. Große Feiern ändern diese Gewohnheiten. Bei Hochzeiten wird das sogenannte wedding breakfast gereicht, das zu einem großen Teil aus Flüssigkeiten besteht. Nach der Zeremonie gibt es Rindfleisch und Senf zusammen mit einem Trank aus gewürzter Milch und Weizen sowie mehr Bier und Wein – sehr viel mehr Bier und sehr viel mehr Wein.

Wann steht William Shakespeare morgens auf, und wann nimmt er die erste Mahlzeit zu sich? Wann legt er die Feder nieder und geht zu Tisch? Wann stärkt er sich, ehe er im »Globe« nach dem Rechten sieht? Im elisabethanischen England kommt es, was Mahlzeiten angeht, zu einer kleinen Revolution: Jedermann nimmt ein breakfest zu sich (und unterbricht damit das Fasten – fest/fast –, das ihm die Nacht auferlegte). Im Mittelalter war diese Mahlzeit allein in der hart arbeitenden Unterschicht üblich und wurde deshalb verachtet;

Linke Seite: Nur noch wenige Jahre bis zum eigenen Haushalt – ein Mädchen in Kleidern der Tudor-Zeit.

Rechts: Das Feuer am heimischen Herd darf man nicht ausgehen lassen, damals wie heute.

Unten: Großküche in einem Tudor-Palast – Hunderte Stücke von Schlachtvieh, Tonnen von Brot und Fässer an Wein garantieren dem Hof sein leibliches Wohl.

Kleider machen Leute

Eleganz in Tudor-Tagen

Oben: Elisabeth setzt sich mit aller Pracht in Szene und hat damit alle Königinnen nach ihr beeinflusst.

Rechte Seite: Der Lagen-Look ist schon damals aktuell – die Bekleidung in Tudor-Tagen bestand aus unzähligen Stücken.

Dank Filmen wie »Shakespeare in Love« und »Elisabeth« haben wir zumindest eine Idee davon, wie sich Engländer zu Shakespeares Zeiten kleiden: schmale Beinkleider mit Schoß, Wams, hoher Kragen für Männer und derselbe Kragen bei den Damen, dazu eine eng geschnürte Korsage und ein weiter Reifrock. Tatsächlich sind die Sitten, Moden und Kleidervorschriften in den Tagen William Shakespeares um einiges komplexer und komplizierter. Die Mode im elisabethanischen England ändert sich ebenso schnell wie heute, aber die mit dieser einhergehenden Veränderungen der Kleidung sind tiefgreifender als auf den Laufstegen unserer Welt. Ein interessantes Beispiel sind die immensen Schamkapseln, die unter einem so betont maskulinen König wie Heinrich VIII. der dernier cri in Hampton Court Palace waren – ebenso wie übertrieben breite Schultern!

Nun aber herrscht eine Frau in England – und noch dazu eine Frau, die sich ganz klar nicht den traditionellen Vorstellungen von der weiblichen Rolle in Familie und Gesellschaft verpflichtet fühlt. Niemand würde es wagen, ihr so übertrieben maskulin gekleidet gegenüberzutreten. Es ist, als hätte die Königin mit einer Nadel in einen Ballon gestochen – Männer sind nun wieder Männer mit sittlichem, wenn auch unverhohlenem Stolz, und keine aufgeputzten, sexuell überaktiven Paviane mehr.

Die strikte Hierarchie in William Shakespeares Welt spiegelt sich auch in der Kleidung wider. Es wird erwartet, dass sich jeder so kleidet, wie es seinem gesellschaftlichen Rang angemessen ist – nicht schlichter, aber bitte auch nicht großartiger. Versuche, sich aufwendiger zu kleiden, als es einem zusteht, werden mit drakonischen Strafen geahndet! Kleider, die unmodern geworden sind, werden an Mägde und Diener weitergegeben, doch diese müssen ihnen entweder jeden Prunk nehmen, indem sie Spitzen ab- und Stickereien auftrennen, oder sie verkaufen – etwa an die Schauspieler der Theater der Londoner South Bank. Du bist, was du trägst!

Sich in den Tagen William Shakespeares passend zu kleiden, ist längst nicht so einfach wie sich elegant oder modisch zu kleiden. Was sagen die Farben eines Mantels aus? Was die Stickereien auf der Schleppe einer Dame? Was die Güte des Leders ihrer Handschuhe? In der Öffentlichkeit würde sie niemals ihre nackten Arme oder Beine enthüllen – aber ein großzügiges Dekolleté ist bei unverheirateten Frauen erlaubt. Der französische Botschafter Andre Herrault ist zu einer Audienz bei der 63-jährigen Königin geladen und stellt verwirrt fest, dass ihr Kleid bis zum Nabel ausgeschnitten ist: Er erahnt nicht nur die Brust der Monarchin, nein, er sieht sie, ganz, komplett! Oben sei die Haut runzelig, informiert er Versailles in einem Schreiben, aber unten herum ganz zart und weiß. Interessanterweise hat Elisabeth sonst den Ruf, sich eher prüde zu kleiden. Das ändert sich allerdings, als sie sich bewusst wird, welch Statussymbol Kleider sein können und welche Macht ihre Wirkung hat. Sie trägt gerne Schwarz und Weiß – Letzteres natürlich ein Symbol ihrer Jungfräulichkeit. Allerdings ist es auch so, dass in England nur wenige Farbstoffe gewonnen werden und diese daher teuer importiert werden müssen. Am begehrtesten ist natürlich Rot – traditionell die Farbe des

»Sieh-mich-an!«. Doch für eine Unze des Farbstoffs müssen 30 000 mediterrane Purpurschnecken ihr Leben lassen. Ein Orangerot kann aus Rotholz oder Brasilholz gewonnen werden ebenso wie aus zerquetschten Kermes-Schildläusen, deren trächtige Weibchen in Essig ertränkt werden, um die wurmgleichen Larven ihrem Körper entnehmen zu können. Diese geben zu kleinen Bällen gerollt und in Wasser getränkt einen reichen, roten Farbstoff ab. Kein Wunder, dass angesichts solcher Mühen und der damit verbundenen Kosten der jungen

Rechts: Durch schwarze Kleidung will Elisabeth ihre Sparsamkeit ebenso wie die Aufrichtigkeit ihres Handelns betonen. In der Hand hält sie ein Sieb als Zeichen ihrer Unschuld …

Linke Seite: Für ihren Geliebten, den Dandy und Hobby-Politiker Robert Dudley, Earl of Leicester, macht sie allerdings das Säckel locker.

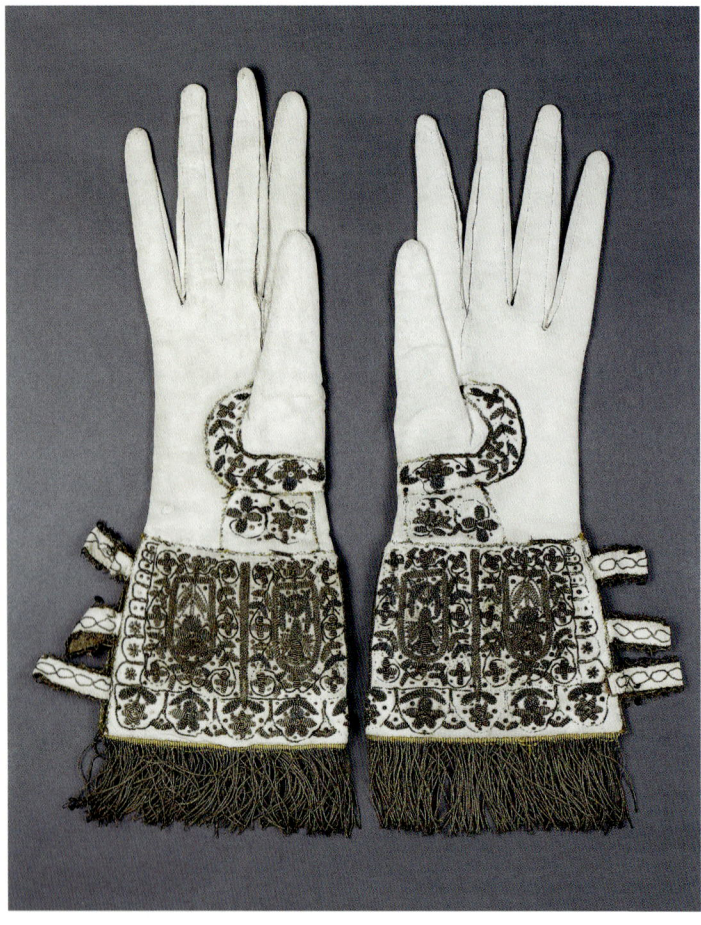

Links: Kostbare Handschuhe für die Königin – Elisabeth I. ist bis ins hohe Alter auf ihre schönen, weißen Hände stolz.
Rechte Seite: »Gloriana« – Elisabeth I. in all ihrer Pracht.

Niederer Adel darf ausländische Wollstoffe kaufen und verarbeiten ebenso wie roten und blauen Samt und Luchspelze. Erlaubt sind bei einem Einkommen von über 200 Pfund im Jahr Leopardenfelle, reiche Stickereien und Litzen aus goldener und silberner Spitze. Wer nur über die Hälfte dieser Summe verfügt, darf weder an Taft, Satin, Damast, Seide oder Samt denken und auch nicht an Pelze – ausgenommen sind Häute von Tieren, die in England wild leben, also Katzen, Maulwürfe, Marder, Otter, Hasen, Füchse und dergleichen.

Aber wer hält sich in einer Zeit der Lebenslust, des Aufbruchs und der ersten Anzeichen einer gewissen sozialen Mobilität noch an diese Vorschriften? Kurz gesagt: niemand. Selbst wenn jemand erwischt und angezeigt wird, bezahlen die- oder derjenige eine Strafe, um gleich danach wieder zum Schneider zu gehen und sich dort noch schönere Kleider anfertigen zu lassen. Man lebt nur einmal, und das eher kurz! Daher auch das rege Interesse an fremden Moden – und das Ergebnis ist eine bunte Mischung. William Shakespeare trägt so etwa am Oberarm aufgeworfene Ärmel nach spanischer Art zu einem engen, französisch geschnittenen Wams und einem dunklen Samtmantel, der eher an die holländischen Puritaner erinnert. Der Engländer verachtet die anderen Nationen als Gecken und bedient sich doch frei an allem, was ihm dort so gefällt. Die Königin selbst ermutigt diese Eitelkeiten. Sie, die nie einen Fuß von der Insel setzt, trägt die Welt am Leib. Als sie stirbt, listet das Inventar ihrer Paläste eine bei-

Königin ihre Bescheidenheit gut zu Gesicht steht. Sie schont nicht nur die Staatskasse, die ihr Vater, Bruder und Schwester leer hinterlassen haben, sondern setzt sich durch diese Entscheidung auch ab vom spanischen und französischen Hof. Trotzdem werden die Porträts ausländischer Hochadliger mit Interesse als modische Inspiration studiert; gleichzeitig machen in ganz Europa kleine Stoffpuppen die Runde am Hof und bei Schneidern auf Märkten, die nach der letzten Mode gekleidet sind.

Wie darf man sich also kleiden? Nur Hochadlige dürfen bestimmte Stoffe tragen, wie zum Beispiel mit Gold oder Silber durchwirkte Webereien, Seidensatin oder auch Zobelpelze.

81

nahe unglaubliche Zahl von nach italienischer, spanischer oder französischer Art geschnittenen Kleidern auf: Mäntel, Korsagen, Westen, Jacken, Mittelstücke, die unter dem vorne geteilten Rock hervorblitzen, Unterröcke (eine Dame kann bis zu drei übereinander tragen, um ihrem Rock die gewünschte Weite zu verleihen), Strümpfe (die seit 1599 sehr viel leichter aus Seide herzustellen waren, nachdem die Frauen sich vorher mit Leinen oder Wolle begnügen mussten, die nicht nur kratzte, sondern auch wenig schmeichelhafte Wellen warf. Der erste Seidenstrumpf kam, natürlich, oh, là, là, aus Paris) und Unterwäsche, Morgenkleider (in denen sie gerne Liebhaber wie ausländische Würdenträger empfing, ein Negligé-ähnliches Kleidungsstück), Schleier (die man nicht trug, um das Gesicht zu verbergen, sondern um es im Gegenteil zu

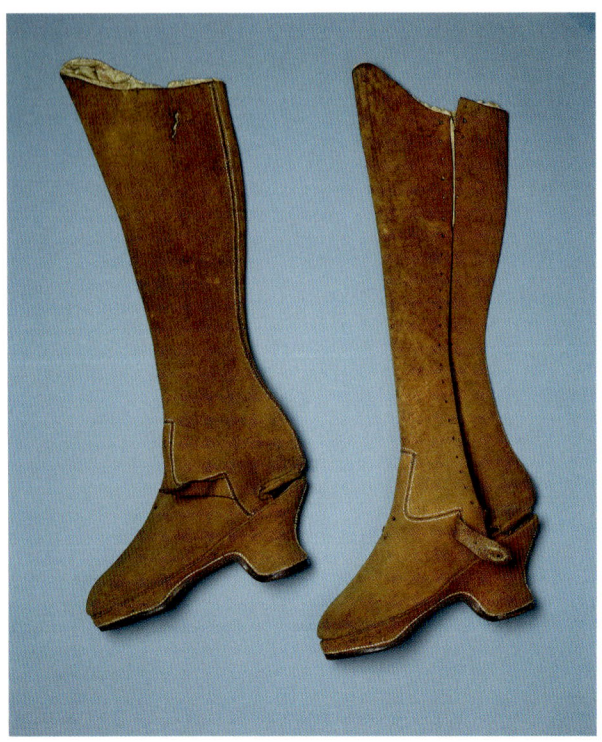

zeigen: Die Seide wurde mit Juwelen in das Haar gesteckt und war manchmal sogar mit einem Drahtgestell verstärkt, um zu wirken, als würde sie ständig von Luft bewegt) und Spitzenkragen (die so ausladend werden, dass der Poet Ben Johnson die Trägerin wenig schmeichelhaft mit Johannes dem Täufer vergleicht: »a head on a plate«, ein Kopf auf einem Teller!). Die Königin besaß all diese Teile einer gut bestückten elisabethanischen Garderobe nicht nur ein, sondern hundert-, wenn nicht tausendmal und schickte regelmäßig Boten in ganz Europa auf Einkaufstour. Eine Entschuldigung – wenn eine Frau je eine Entschuldigung für eine überquellende Garderobe braucht – hierfür kann sein, dass sich der Engländer in Shakespeares Tagen nicht wusch, sondern durch häufiges Wechseln der Leibwäsche und der Kleider – dies geschah angeblich mehrere Male am Tag – sein frisches Körpergefühl erhielt.

Und was trägt eine Dame an den Füßen? Es gibt bereits vielerlei Moden, von den flachen Seidenballerinas über Pantoffeln und Schnürschuhe bis hin zu Stiefeln und Clogs. Üblicherweise werden Schuhe aus Samt oder weichem Leder hergestellt – spanisches Leder und die Haut vom Kalb sind am begehrtesten – und haben eine Sohle aus Kork. Frauen der Unterschicht tragen Schuhe, die ganz aus Leder gefertigt worden sind. Vor allen Dingen aber ermutigt die elisabethanische Schuhmode – und hier geht die Königin wieder allen Frauen des Reiches mit spendierfreudigem Beispiel voran – den Absatz. Jawohl, William Shakespeare und seine Zeitgenossen sind Zeugen der Erfindung der high heels. Es beginnt mit einem mehr und mehr prononcierten Keilabsatz. In den späten 1680er-Jahren experimentieren die Schuhmacher der Hauptstadt dann mit einem Bogen zwischen Sohle und Absatz. Elisabeth ist 62 Jahre alt, als sie im Jahr 1595 ihr erstes Paar Schuhe mit hohem Absatz bestellt. Ab 1599 werden auch all ihre Stiefel mit einem solchen gearbeitet. All das ist schön

Opulentus, mercator Londinensis in Anglia.

Nobilis puellæ ornatus apud Londinenses.

Vulgarium fœminarum in Anglia. vestitus gentilis.

Plebeij adolescentis in Anglia habitus.

25.

Linke Seite: Die Königin ist eine der ersten Frauen der Weltgeschichte, die Schuhe und Stiefel mit Absätzen trägt.

Oben: Das Gesetz regelt streng, wer was tragen darf – genützt hat es natürlich nichts.

und gut für eine Königin – was aber besitzt eine normale Frau, so wie ihr William Shakespeare auf seinem Gang ins »Globe« an einem Morgen begegnet? Zwei Kleider, drei Oberhemden oder Schürzen, zwei Unterröcke, eine silberne Brosche, eine Haube, ein Halstuch und fünf Taschentücher werden für eine einigermaßen wohlhabende Handwerkersgattin aufgeführt. Eine solche Garderobe kann gut und gern ein Drittel ihres Wohlstandes ausmachen. Sich selbst schlicht und anständig zu kleiden, ist für beide Geschlechter ein teures Vergnügen. Ein einfaches Paar Schuhe kostet beim Schuster so viel wie 18 Abende Vergnügen für einen groundling in Shakespeares »Globe«, nämlich 18 Pence.

Ein Großteil von William Shakespeares Leben und dem seiner Zeitgenossen findet außerhalb des Hauses statt – und hier hat man sich angemessen zu kleiden. Man stattet Freunden und der Familie Besuche ab, geht auf den Markt, in die Geschäfte, ins Theater oder auf Reisen. Kein Wunder, dass Mäntel und Jacken neben Handschuhen, Hüten und Mas-

ken (!) besonders wichtig sind. Frauen, die ihrem Tagwerk nachgehen, tragen kürzere Röcke als Damen, die sich meist im Haus aufhalten. Der Saum sollte weder im Dreck schleifen noch sich in Radnaben verfangen und die unglückliche Trägerin mit sich reißen. Beliebt, um die Hauskleider zu verdecken und zu schonen, sind ärmellose Capes oder Mäntel nach holländischer Art, aus dunklem Stoff und mit weiten Falten. Für Männer wie Frauen gibt es auch Joppen oder gefütterte Reisejacken, die bis zur Taille oder sogar über die Hüfte reichen. In der Kutsche ist man vor Staub, Matsch, Regen oder Sonnenschein sicher, nicht so aber hoch zu Ross. Gerade Damen tragen beim Reiten Reise-Masken, die beinahe an den Karneval von Venedig erinnern. Kombiniert mit einer Reitkappe oder Kapuze kann der Effekt gruselig sein!

Auch Haare und Hüte unterliegen Moden: Gelöst, reichen die Haare einer Frau leicht bis an ihre Kniekehlen, wenn nicht bis an die Fersen. Natürlich wollen alle gerne Locken haben – diese wirken doch so weich und weiblich. Dazu

Virgo Anglica.   Mercatorum vxores   Nobiles mulieres Anglicæ.   Nobilis aulica.   Rusticæ Anglicanæ   Modus veniendi Lupos pisces apud Anglos.

Linke Seite: Die Kleidung der Tudor-Damen spiegelt die gesellschaftliche Hierarchie ihrer Zeit.
Oben: Ein Paar einfache Lederschuhe kostet so viel wie 18 Theaterbesuche.

gin besitzt Dutzende von diesen Perücken und setzt sie täglich auf, als ihre Haare beginnen auszufallen und die noch übrigen lichten Strähnen grau werden. Eine andere Möglichkeit ist, sich die Haare zu färben, und sei es mit einer scharfen, ätzenden Lauge. Wer schön sein will, muss leiden!

Bei den Hüten ist noch immer die runde französische Haube modern, mit der Anne Boleyn, die Mutter der Königin, die steife spanische Haube ihrer Vorgängerin Katharina von Aragon ablöste. Eine französische Haube ist eher ein Haarreif, der auf einem Knoten oder einer anderen Frisur getragen wird und von dem dann oft ein schmeichelhafter Schleier auf die Schultern der Frau fällt. Ärmere Frauen falten sich oft auch ein Tuch über ihre Frisur. Nur Mädchen und unverheiratete Frauen tragen den Kopf unbedeckt; eine verheiratete Frau, die bloßen Hauptes vor die Tür geht, kann sich jeder Menge unerwünschter Aufmerksamkeit sicher sein. Als Accessoires trägt eine Dame ansonsten Fächer, Handschuhe, Taschen- und Halstücher natürlich ebenso wie Gürtel und Schmuck, obwohl dieser dem Hochadel und Würdenträgern als Zeichen für ihren Status vorbehalten bleibt – siehe die berühmten Porträts Elisabeths, die diese über und über mit Perlen und Edelsteinen bedeckt zeigen. Selbst wohlhabende Bürger tragen gerade mal einen Goldring am Finger; Eheringe sind noch nicht üblich. Der Ehestand einer Frau zeigt sich an ihrer Kleidung und Kopfbedeckung. Ohrringe sind bekannt, aber die meisten Frauen haben keine Ohrlöcher. William Shakespeare trägt auf einem der Porträts, das ihn vermutlich darstellt, einen einzelnen goldenen Ohrring, der ihn mehr wie einen Piraten als einen Poeten wirken lässt. Was vielleicht beabsichtigt ist …

Was aber tragen er und seine männlichen Zeitgenossen sonst? Als Kleinkinder werden Mädchen wie Jungen auf dieselbe Weise gekleidet; erst mit vier oder fünf Jahren erhalten

nutzt man Brenneisen oder auch etwas, das den heutigen Papilloten ähnelt. Leinenstreifen werden am Feuer gewärmt und dann über Nacht in die Haare gewickelt. Eine andere Mode ist die Sehnsucht nach blondem Haar. Frauen greifen zu teuren Perücken aus Haaren von armen Mädchen und Kindern, denen die Zöpfe abgeschwatzt oder die gleich in dunklen Straßenecken mir nichts, dir nichts kahlgeschoren werden. Die Köni-

kleine Buben dann das erste Paar Hosen, die aber nicht mehr aus einem einzigen, langen Stück bestehen – so etwas trägt wirklich nur ein Bauerntrampel. Hemden aus Leinen oder Wolle reichen bis zum Schenkel und sind an den Seiten geschlitzt, so dass ärmere Männer sich die Enden zwischen die Beine binden können – jawohl, an Stelle einer Unterhose! Wohlhabende Bürger ziehen Leibwäsche vor. Über das Hemd kommt eine geknöpfte und vielleicht gefütterte oder bestickte Weste und darüber eine Jacke oder ein ärmelloses, gegürtetes Cape. Das gefütterte Wams hat die Rolle der bunten, großen Schamkapsel übernommen: Es lässt die Brust besonders breit und den Träger damit männlich aussehen. Männer tragen die modischen großen Spitzenkragen auf eigene

Art, nämlich offen, lässig um den Hals gelegt, die Schnüre hängen lose bis auf die Brust herab. Ein solcher Spitzenkragen ist übrigens selbst für den schlichtesten und ärmsten Mann ein Muss, wenn er ihn sich irgend leisten kann. Normalerweise zieht man die Kleider des Tages gleich über das Hemd, in dem man geschlafen hat; bei ärmeren Männern kann das auch nur eine offene Weste aus Leder sein. Als Beinkleider bevorzugt der Herr eine Art Kniebundhose, die mit an Hosenträgern befestigten Strümpfen getragen wird. Mäntel und Capes sind sehr beliebt, denn sie sind der Ausweis für die Wichtigkeit und den Wohlstand der Träger, vor allen Dingen, wenn sie aus Samt und Pelz gearbeitet sind. Der Graf von Essex besitzt 28 davon, um bei Hofe modisch bestehen zu können. Auf dem Kopf trägt der Mann von Welt zumindest eine Kappe, wenn nicht einen Hut, mit einer immer weiter werdenden Krone und Krempe. Am Hutband stecken Federn oder auch mal eine Brosche.

Was Schuhe und Stiefel angeht, tragen der Arbeiter wie der Herzog Modelle, die ganz aus Leder gefertigt sind; der feine Unterschied liegt dann in der Qualität desselben. Das beste Leder kommt wie bei den Damenschuhen aus Spanien: Während ein Arbeiter knöchelhohe, grobe Halbstiefel trägt, bevorzugt ein Gentleman kniehohe Modelle aus weichem, anschmiegsamem Leder. Galoschen schützen die teuren Anschaffungen vor der Witterung. Übrigens: Handarbeit hin oder her – schlechte Qualität und schlechte Schnitte gibt es auch damals. Das Beste kostet eben ein bisschen mehr. Ein Höfling soll zehn Pfund für ein Hemd ausgegeben haben – davon lebt eine Handwerkerfamilie Monate! So ausgestattet kann es ein elisabethanischer Engländer dann mit jedem Mann vom Kontinent aufnehmen – sogar mit einem Italiener, oder besser gesagt, einem Venezianer –, und eigentlich heißt es, dass niemand modischer, eleganter und passender gekleidet sei als dieser.

Linke Seite: Haute Couture?
Nein, Handarbeit ist schon bei
Kinderkleidern die Norm.
Oben: Auch die Kleinsten sind
so schon für alle Lebenslagen
ausgestattet.

Die Stadt der Sinne und der Sehnsüchte

Von Rom nach Venedig

Oben: Dame oder Hure? In Venedig scheinen die Grenzen fließend.
Rechte Seite: Der Markusplatz – für Shakespeares Zeitgenossen ein Paradies und Herz der mondänen Welt.

William Shakespeare und seine Zeitgenossen glauben, dass kein Geringerer als Julius Caesar selber den Tower von London erbaut hat. Daher scheint es gar nicht unwahrscheinlich, dass das Stück »Julius Caesar« im Sommer 1599 zur Eröffnung des »Globe« gespielt wurde. Vergangenheit mit Bedeutung für die Gegenwart – welcher Barde kann sich diesem Stoff entziehen? Gewiss nicht der Engländer des 16. Jahrhunderts: Jede öffentliche Darstellung königlicher Macht bezieht sich direkt auf das römische Erbe. Im März 1604 zieht der im Jahr zuvor gekrönte König Jakob I. durch sieben kolossale Triumphbögen vom Tower zur City of London. William Shakespeare interessiert sich seit Beginn seiner Karriere für die römische Antike und folglich auch für Italien. Die grausame Tragödie »Titus Andronicus« erschien 1594 als erstes seiner Stücke überhaupt in gedruckter Fassung. In späteren Stücken lässt er die Handlung gerne gleichzeitig im alten Rom, im mittelalterlichen England und in der Gegenwart spielen.

Das alte Rom ist wie ein Spiegel, den Shakespeare seinem Publikum vor Augen führt – Ehrgeiz, Liebe, Leid, Lust, Hass, Neid – alles, was es damals gab, meine Freunde, das gibt es auch heute, scheint er zu sagen. Der Gedanke einer Wiedergeburt klassischer Ideale fand im England des 16. Jahrhunderts größten Anklang, auch wenn das Wort Renaissance für dieses

Phänomen erst im 19. Jahrhundert geprägt wurde. Basis der Erziehung sind humanistische Ideale, die dem Schüler Vernunft, Rhetorik, Tugend und politische Weisheit vermitteln sollen. Williams frühe Erziehung findet in der grammar school von Stratford-upon-Avon statt – er gehört zur ersten Generation englischer Schulkinder, die ausschließlich im protestantischen Glauben und mit einer Liturgie in englischer Sprache erzogen werden. Dennoch werden für ihn klassische Ideale und Geschichte wichtige Elemente seiner Dramen. Ben Johnson, der Dichter, der in Cambridge die Universität besuchte, macht sich darüber lustig, dass William Shakespeare nur das »kleine

Latein« beherrschte, doch dem Barden genügt dies sein Leben lang. Während des Lateinunterrichts in seiner Schule lernt er die Kunst der Dramatik kennen, und großartige Autoren wie Ovid und Vergil beflügeln seine Phantasie. Noch gibt es keine Massenmedien, sondern Meinungsbildung findet am Tresen statt, im Theater oder auf der Kanzel in der Kirche. Elisabeth I. ist es wichtig, die »Kanzel zu kontrollieren«, und der berühmte Satz »Friends, Romans, countrymen, lend me your ears!« (»Römer, Freunde, Mitbürger! Hört mich meine Sache führen, und seid still damit Ihr hören könnt!«) aus »Julius Caesar« wird, na, von wo wohl, von einer Kanzel gesprochen. Bei allen diesen

Orten kommt es auf die Kunst der Sprache, auf die Rhetorik, an. Rhetorik zu lehren aber ist auch das Ziel des Lateinunterrichts, den William Shakespeare in Stratford-upon-Avon genießt. Wie strukturiert man eine Rede, wie werden Metaphern angebracht, wie erlangt man verbale Symmetrie, und wie erhält ein Text seinen Rhythmus? Der Unterricht in Rhetorik bereitet die Knaben auf eine Karriere in der Kirche oder dem Staat vor – Fälle und Karrieren wie die von Shakespeare oder auch Christopher Marlowe sind Ausrutscher!

Vielleicht beeindruckt kein Buch Shakespeare so stark wie Ovids »Metamorphosen«. Hier fand er die Quelle für sein Gedicht »Venus und Adonis«, mit dem er sich 1593 einen Namen macht. Die beiden sind ein wichtiges Motiv in der Einleitung zu »Der Widerspenstigen Zähmung«. Das klassische Thema des erbitterten Kampfes zwischen Pflicht und Begehren, der Jagd nach Liebe oder nach Ehre, findet sich auch in seinem bekannten Gedicht »Die geschändete Lukretia« wieder. In den frühen 1590er-Jahren liest Shakespeare eine Übersetzung von Plutarchs Beschreibung des Lebens griechischer und römischer Edelleute. Von dieser Lektüre ausgehend entstehen drei seiner Stücke – nicht nur das bereits genannte »Julius Caesar«, sondern auch »Antonius und Cleopatra« und »Coriolanus«. Der launische, zickige und schwierige römische Feldherr erinnert in einigen Zügen sehr versteckt an die Königin. Aber Shakespeare ist vorsichtig: Eine frühere Version von »Antonius und Cleopatra«, geschrieben von seinem Kollegen Fulke Greville, blieb unaufgeführt. Die Geschichte einer mächtigen Königin, die

ihrer Liebe zu einem Soldaten oder sogar ihrem Begehren nachgibt, könnte zu große Ähnlichkeit mit Elisabeths später Passion für den Sohn ihrer Jugendliebe, den Earl of Essex, haben. Shakespeares Cleopatra ist sicher keine Allegorie auf die regierende Königin, aber Vorsicht ist auch hier geboten, denn es gibt einfach zu viele Parallelen. Erst nach ihrem Tod im Jahre 1604 lässt er das Stück aufführen. Was den beiden Frauen sicher gemein ist, ist ihr Bewusstsein für die Macht der Bilder und die Art und Weise, wie sie diese während ihrer Herrschaft einzusetzen wissen. Cleopatra mag sowohl Göttin als auch Kurtisane sein, der von ihr ausgehenden Faszination tut das keinen Abbruch. Oft gelobt werden Geist und Witz der ägyptischen Königin, und auch Elisabeth gefällt sich als geistvolle Frau, die mit ihrer Zunge Wunden schlagen, aber auch Balsam verteilen kann. Keine andere Herrscherin übt dagegen einen so großen Einfluss auf alle ihr weltweit nachfolgenden Königinnen aus wie Elisabeth I.

Italien ist also Williams bevorzugter Schauplatz, und auch seine Zuschauer fühlen sich zu diesem Land hingezogen. Wenn das alte Rom allerdings wie ein Spiegel auf Shakespeares Zuschauer wirkt, in dem sie ihre Schwächen erkennen, so verhält es sich mit Venedig anders. Venedig ist die Zukunft – London sieht auf diese Stadt voller Furcht und mit einer Erregung, als blicke es in die Glaskugel einer Wahrsagerin. Jedes Jahrhundert hat seine schicke, hippe Stadt, die Moden setzt und die Welt nicht nur mit ihren Ansichten, sondern auch politisch und wirtschaftlich beherrscht. Was Venedig damals ist, wird London bald sein. Eine schöne Stadt, reich geworden durch die Seefahrt, ein Ort neuer Moden und fraglicher Moral. »Venice, Venice, who does not see you cannot praise you!« (»Ah, Venedig, wer dich nicht kennt kann Dich nicht preisen!«), sagt Holofernes in »Verlorene Liebesmüh«. Mit solchen Sätzen

Rechts: Herrschaft und Handel dank der Wogen der Weltmeere. Venedigs Gegenwart ist Englands Zukunft.

wird ein Verständnis für diese tonangebende Stadt vorgegeben, ohne dass man sich selbst je dort hinbewegt hätte. Es sind also Worte, die eine ganze Stadt definieren, und durch diese Definition des Fremden, eben des Venezianischen, mit Hilfe der Sprache gelang es England, sich selbst als Nation zu begreifen. Es erstaunt daher nicht, dass Shakespeare den zweiten Teil des bekannten Sprichwortes in Holofernes' Rede unterdrückt: »But he who sees you pays dearly for it« (»Doch Dich zu sehen, kommt ihn teuer zu stehen!«). In »Othello« und »Der Kaufmann von Venedig« kommt die ganze englische Ambivalenz gegenüber der Stadt am Meer zum Ausdruck.

London und Venedig haben in jenen Tagen bereits einiges gemeinsam. Beides sind Städte, die durch maritimen Handel florieren. Sie sind für Fremde attraktiv – für damaliges Verständnis ziehen beide geradezu Menschenströme an. Alle Bewohner und Gäste sind auf der Jagd nach dem Glück. Zudem steht Venedig für hohe politische Ideale. Es ist ein Bollwerk gegen die Muselmanen und steht für die Unabhängigkeit gegenüber dem Papst. Venedig hat durch seine Schönheit immer Pilger und Reisende entzückt, doch echte Wertschätzung für seine Kunst und seine Architektur wächst erst im 15. Jahrhundert, als Reisen für Künstler zur Pflicht wurde. Gleichzeitig erlauben die vielen Ähnlichkeiten zwischen den beiden Städten es Dramaturgen, auch deren Unterschiedlichkeit zu betonen.

Engländer assoziieren mit Venedig in jenen Tagen sowohl Schönheit als auch die dort herrschende lose Moral oder

sogar sexuelle Verfügbarkeit seiner Frauen, seien es Mädchen oder verheiratete Damen des Hochadels. Am Anfang von »Othello« lobt Shakespeare die tugendhafte Desdemona, die anders ist als alle Frauen, die Iago, Rodrigo und Cassio sonst so kennen. Im Verlauf des Stückes aber lösen sich die Grenzen zwischen den Kategorien Hure und Edeldame auf. Was auf der Gondel geschieht, bleibt auf der Gondel. Othello selber ist zerrissen zwischen dem, was er gehört hat, und dem Bild, das Desdemona ihm von sich gibt. Tatsächlich ist käufliche Liebe in Venedig sehr viel öffentlicher erhältlich als in London. Ein Katalog aus dem Jahre 1570 listet 215 weibliche Namen auf – zusammen mit Preisen und Adressen. So kühn agiert man bald auch in anderen Bereichen. Englische Reisende sind schockiert, echte Frauen in weiblichen Rollen auf der Bühne zu sehen. Schwierig erscheint ihnen, auf der Straße Prostituierte von Edeldamen zu unterscheiden. Oft ist es nur der Lärm, den Huren verursachen, der diese Unterscheidung möglich macht. So nehmen eigentlich unauffällige Gesten und Symbole große Bedeutung an. Kleine Symbole wie ein Taschentuch: Als nach einem Tennisspiel der Jugendfreund der Königin, der Earl of Leicester, einfach zu deren Taschentuch greift, um sich die Stirn abzuwischen, fordert ihn der Herzog von Norfolk zum Duell. Es geht um die Ehre der Königin! In diesem Kontext wird auch Othellos Obsession das Tüchlein seiner Frau betreffend – wer es wo gesehen oder gefühlt haben will – verständlicher. Als Iago die Stickerei des Taschentuches – »spotted with Strawberries« (»ein feines Tuch, mit Erdbeern bestickt«) – genau definieren kann, ist für Othello die Sachlage klar.

Wie in London färbten sich die feinen Venezianerinnen gerne die Haare blond – speziell zu ihrem Hochzeitstag. William Shakespeare erwähnt dann auch Portias »sunny locks« (»Ihr sonnig Haar hängt um die Schläfe ihr wie ein golden

Vlies«). Desdemona dagegen ist »fair«, ein Wort, das sowohl Blässe als auch Blondheit andeutet. Eine andere Mode, die englische Damen ebenso entzückt wie die venezianischen, sind die chopines, die Schuhe mit Absätzen, die in Venedig allerdings gefährliche Höhen erreichen. Oft stürzen Damen auf den Treppen der Brücken oder beim Erklimmen der Boote und Barken.

Luxus, Freizügigkeit, Wohlstand – das ist Venedig für London und William Shakespeare. Wohlstand, der durch Handel und Seefahrt begründet wird und mit jedem Jahr und jeder neuen Entdeckung und Eroberung wächst. Gleichzeitig stehen sowohl Venedig als auch bereits London in zunehmendem Maße für geistige Offenheit, die conditio sine qua non eines weltgewandten, der Welt zugewandten Volkes. »The trade and profit of the city/consisteth of all nations« (»Weil der Gewinn und Handel dieser Stadt beruht auf allen Völkern«), schreibt Shakespeare in »Der Kaufmann von Venedig«. Das Öl in den Rädern dieser Maschinerie ist natürlich Geld – und seine stete Verfügbarkeit, ohne allzu viele Fragen zu stellen. Kommerz verlangt nach Kredit, und in Venedig wie in vielen anderen Städten Europas wendet man sich dazu an Juden.

Das Bankwesen und auch die Banksprache mögen im Grunde christlich und uritalienisch sein. Der Geldverleih jedoch ist stets mit dem Judentum verbunden, vor allen Dingen, wenn es um die Anklage von Wucher geht und darum, Halsabschneider in Haft zu nehmen. Juden und Prostituierte teilen sich das Unglück, leicht auszumachende Außenseiter zu sein, wenn es hart auf hart kommt. In London lebt damals eine kleine Anzahl konvertierter spanischer Juden, die jedoch immer mit Misstrauen beobachtet werden, auch wenn sie versuchen, sich unter die englische Gesellschaft zu mischen. Natürlich spielte auch ihre spanische oder portugiesische Nationalität eine

Rolle. Tatsächlich gibt es seit dem Pogrom von 1290 keine jüdische Gemeinschaft in London. Sie folgten Wilhelm dem Eroberer 1066 auf die Insel, und nur hundert Jahre später soll ihnen beinahe ein Drittel an beweglichen Vermögenswerten gehört haben. Erst unter Oliver Cromwell, im Jahr 1656, werden sie offiziell wieder nach London gebeten. In Venedig sind die Juden nur geduldet, wenn sie in einem Ghetto leben. Im Kern sind sowohl »Othello« als auch »Der Kaufmann von Venedig« Dramen, in denen die Protagonisten konvertieren, das heißt von der Zugehörigkeit zu einer Gruppe, sei sie religiös oder eine Frage der Identität, zur anderen wechseln. Es geht um Unterschiede und Gemeinsamkeiten – seien sie religiös, sexuell oder durch Rasse und Nationalität begründet – und die

Furcht, wie das Aufeinandertreffen dieser das Zusammenleben und die Werte einer Gesellschaft beeinflussen kann.

Shakespeares Shylock ist sicherlich ein antisemitischer Stereotyp; zumeist schlecht gelaunt, schätzt er seine Dukaten mindestens so sehr wie seine Tochter. Auch nimmt sich der Barde die künstlerische Freiheit, seinen Shylock frei in Venedig agieren zu lassen – er ist nicht an ein Ghetto gebunden, er kann überall sein. Das lässt ihn den Londoner Marrano-Juden viel näher kommen – ein wohliges Schauern vor dem geheimnisvollen Fremden, hier, direkt vor ihrer Haustür, wo doch ein jeder den anderen kennen und verstehen soll; wo ein jeder dieselbe Sprache spricht.

Shakespeares Sprache

Stücke und Sprüche

Oben: Feder und Tinte – so beherrscht Shakespeare seine Welt.

Rechte Seite: Wo und wann findet der Barde für seine erstaunliche Produktivität Raum und Ruhe?

Welche Sprache spricht William Shakespeare? Nein, nein! Die Frage ist ganz ernst gemeint. Denn »englisch« allein ist hier keine hinreichende Antwort. In den zwei Jahrhunderten vor der Herrschaft Elisabeths I. ist die englische Sprache durch Adaption französischer Ausdrücke, die zu den Worten der Angelsachsen und der Wikinger hinzukommen, explodiert und erreicht zu Shakespeares Lebzeiten dann beinahe ihre heutige, moderne Form. Es gibt damals noch kein Wörterbuch – die erste Veröffentlichung, die einem Lexikon gleichkommt, ist 1604 »A Table Alphabeticall« von Robert Cawdrey. Viele Worte werden verschwinden. So zum Beispiel hat das damalige Englisch eine ganz ähnliche Unterscheidung in der Anrede wie im Deutschen »Du« und »Sie« oder im Französischen »tu« und »vous«, nämlich das feine und formelle »you« und das familiäre »thou«. Andere Ausdrücke klingen heute erheiternd oder zumindest seltsam. Man flucht »Beim Blute Gottes!« oder schwört auch mal auf dessen Tod.

Englisch ist aber eine Sprache, in der sich Theologen, Philosophen und auch Physiker und Mathematiker ausdrücken wollen. Doch dazu fehlt ihnen oft noch das Vokabular. Wie ein Wort aus dem Lateinischen übersetzen, wenn es das Wort in der eigenen Sprache gar nicht gibt? Da sind Dramaturgen und Schriftsteller gefragt: Neben Shakespeare machen sich seine

Kollegen Edmund Spenser, Sir Philip Sydney und Christopher Marlowe an die Arbeit und bereichern durch Neologismen die englische Sprache um etwa 30 000 Wörter. Diese gehen noch zu Lebzeiten Elisabeths I. in den Alltagsgebrauch über.

Da ist es kein Wunder, dass für William Shakespeare die Sprache ein einziger Spielplatz ist, auf dem er sich wie toll amüsieren kann. Was er durch Handlung und Sprache erreicht, wie er altbekannte Grenzen einreißt und zu neuen Ufern aufbricht, ist bis dahin unerhört.

Seine Protagonisten und ihre Rolle, ihre Worte, sind so weitgehend mit der Handlung verflochten, dass der eine ohne den anderen nicht mehr sein kann. Verändert man das Wesen und die Worte der Protagonisten, so verändert man den ganzen Plot. Sein Meisterwerk aber sind die Monologe: Zum ersten Mal verwendet jemand das Wort, um tief in die Gefühle und Motivationen seiner Bühnenfiguren einzudringen. Bisher ging es nur um das Weiterreichen von Informationen und um den

großen Zusammenhang. Für sein Werk braucht William Shakespeare Worte, viele Worte, und wenn er diese nicht hat, dann erschafft er sie eben. Seine Methode, die Vers, Poesie und Drama verbindet, ist effektiv und intensiv zugleich. Nichts darf vage oder zu weitläufig sein. Nein, es geht um Lebhaftigkeit und das Jetzt und Hier des Ausdrucks! William Shakespeare allein führt an die 3000 Wörter und Ausdrücke in die englische Sprache ein; von den vielen, vielen Redensarten und heute geläufigen Zitaten, die aus seiner Feder stammen, ganz zu schweigen. Accommodation, critical, courtship, exposure, generous, hurry, lonely, monumental, obscene, sportive, submissive: All diese Worte gäbe es ohne ihn nicht. Viele von ihnen werden auch in fremde Sprachen übernommen – auch im Deutschen spricht man gerne von einem »monumentalen Irrtum« oder einer »obszönen Szene«. Desgleichen »bricht man das Eis«, »tut den letzten Atemzug« oder sagt: »Kleider machen Leute« und »Es ist nicht alles Gold, was glänzt«, »Es stinkt zum

Himmel«, »Jeder Topf findet seinen Deckel«, »die nackte Wahrheit« und so weiter. Geradezu unglaublich ist die Menge seiner Wortschöpfungen – was haben die Leute VOR Shakespeare eigentlich zu sagen gehabt?

Die englische Sprache zu Lebzeiten Shakespeares ist also wie ein großer, reißender Fluss, in den viele kleine Flüsse und Bäche einmünden und ihre Wasser unter die seinen mischen. Von der komplexen Doppeldeutigkeit seines Vokabulars entgeht einem heute viel. Es strotzt vor Anspielungen und einem Wortwitz, dessen Wirkung wir nicht mehr voll auskosten können. Viele Worte haben ihre Bedeutung seit ihrer Nutzung durch den Barden verändert, so zum Beispiel das Adjektiv nice. Heute bedeutet es nett oder angenehm, damals bezeichnet es etwas Akkurates und Rechtschaffenes, aber eher auf kalte und methodische als angenehme Art. Ein Bäcker, der sein Brot nice zubereitet, achtet genau darauf, wie viel Mehl und Hefe eingesetzt werden. Desgleichen cute, das gerade im Amerikanischen

heute für süß und lieb verwendet wird: Elisabeth I. ist nach dem Verständnis ihrer Landsleute im 16. Jahrhundert dagegen cute, weil sie über eine scharfe Intelligenz verfügt.

Aber auch wenn die Zuschauer im »Globe« um die Bedeutung eines Wortes wissen, sie müssen es erst einmal verstehen. Eine Schwierigkeit, mit der Shakespeares Englisch wie jede lebendige Sprache zu kämpfen hat, ist, dass es viele regionale Dialekte gibt und die unterschiedlichste Art und Weise, Worte auszusprechen. Im England der Tudor-Zeit gibt es weit mehr Akzente und Dialekte als heute, und diese mischen sich ohne Unterlass. Sir Walter Raleigh spricht sein Lebtag lang in einem breiten Devon-Akzent. Kann man davon ausgehen, dass Elisabeth I. die Vokale so kurz und geschliffen pronounciert wie ihre Namensvetterin Elisabeth II. heute? Menschen aus Cornwall haben einen »breiten und rauen Akzent« – zumindest für feine Londoner Ohren. Zudem machen sie ihre Sprache unnötig kompliziert, weil sie viele ihrer eigenen

Worte in die gängige Alltagssprache mischen. Und das sind Probleme, die man schon mit den »echten« Engländern hat.

In Wales wird trotz der strengen Gesetzgebung Heinrichs VIII. und Eduards VI., des »Act of Uniformity«, noch immer Walisisch gesprochen – obwohl das Gesetz den Gebrauch des Englischen bei allen öffentlichen Anlässen und an allen öffentlichen Orten vorschreibt. Und das mit gutem Grund: Eine nur wenigen verständliche Sprache verführt dazu, Geheimnisse auszutauschen – und so etwas will die Monarchin im Keime ersticken. Es gibt zwar kaum walisische Literatur, aber der Gelehrte William Salesbury ist bemüht, das Walisische auch als Schriftsprache am Leben zu erhalten. 1551 lanciert er eine Petition, mit der er die Übersetzung der Bibel in die kleine Randsprache des Königreiches fordert – mit Erfolg, und 1588 wird sie veröffentlicht. Interessanterweise hat Salesburys Werk dieselbe Wirkung auf das Walisische wie die Übersetzung der Bibel auf die englische Sprache: Es wird vereinheitlicht und gleichzeitig geöffnet. Salesbury rettet das Walisische in einem Augenblick, in dem die Könige von England wünschten, es würde für immer in Vergessenheit geraten. Heute darf ein Erbe des englischen Königreiches den Titel »Prinz von Wales« nicht annehmen, wenn er nicht fließend Walisisch spricht!

Gleiches kann von den anderen keltischen Regionen in Großbritannien nicht gesagt werden. In Irland und Schottland spricht man eine Art Generalsprache, ähnlich wie das bastardierte Küchen-Suaheli, das heute in weiten Teilen Ostafrikas üblich ist, oder das Lateinische, in dem vor langer Zeit das römische Reich den kleinsten gemeinsamen Sprachnenner fand. Dennoch, ein schottisch-gälisches Gebetsbuch wird im Jahr 1567 veröffentlicht, die irisch-gälische Bibel folgt in Dublin im Jahr 1602. Eine Sprache, die nur noch mit Hängen und Würgen am Leben gehalten wird und in Gebrauch bleibt,

ist dagegen das Kornische. Als Elisabeth den Thron besteigt, kommentiert ein Gelehrter: »In Cornwall spricht man 2 Sprachen. Freches Englisch und Kornisch. Doch die meisten Leute sprechen kein Wort des Ersteren.« Rebellen aus Cornwall protestieren im Jahr 1564 gegen die Veröffentlichung eines rein englischen Gebetsbuches in ihrem Landstrich: umsonst. Die Sprache fällt wie ein Kartenhaus in sich zusammen, und es gibt weder Gebetsbücher noch Bibeln in kornischer Sprache noch

Unten: Göttliche Inspiration und Garantie, dass Shakespeares Zauber in allen Sprachen wirkt?

irgendwelche anderen Schriften. Für den Adel und das Bildungsbürgertum ist der Gebrauch der englischen Sprache Ausdruck ihrer Raffinesse und der deutlichen Unterscheidung vom Idiom des Bauern auf dem Feld. Schon bald wird das Kornische nur noch in einigen Ecken westlich von Truro gesprochen, und selbst dort immer seltener. Erst im 20. Jahrhundert gibt es Bemühungen, die Sprache wieder künstlich zu beleben.

Aber natürlich werden im Königreich und im Alltag William Shakespeares auch andere Sprachen gesprochen – Sprachen, die für ihn reiche Quellen waren, nämlich das Französische wie auch das Lateinische. Am Hof wird das Geschehen in den Annalen noch immer auf Latein notiert, wie auch in vielen Kirchenregistern. Jungen lernen noch immer Latein in ihren grammar schools und müssen dort auch Latein sprechen. Dennoch hört man die Sprache außerhalb der gebildeteren Kreise von Oxford und Cambridge nur noch selten. Die Welt hat sich fortbewegt.

Anders ist es mit dem Französischen. Es kommt mit William dem Eroberer auf die Insel und mischt sich unter das Angelsächsische. Für viele Dinge werden sächsische Worte verwandt, wenn sie sich im Rohzustand befinden. Für das verfeinerte Produkt wechselt man in das Französische, beispielsweise bei pig und pork. Der Adel und die »Gentry« sprechen täglich Französisch. Auch in London gibt es mehr und mehr französische Immigranten, die die Sprache im Königreich und in Hörweite Shakespeares am Leben erhalten. Es ist, als hätten sie ein Gespür dafür, dass das Englische noch lange keine Weltsprache ist. Keine Fremdsprache zu können, wäre nur eines, nämlich unzivilisiert und wild. Kein Wunder, dass Shakespeare in diesen Tagen, in denen das Englische noch nicht die Welt erobert hat, die Welt also in das Englische holt.

Oben: Die Muse spricht in allen Zungen des Königreichs zu den Ladys und Gentlemen – sei es Kornisch, Englisch, Gälisch, Keltisch, Latein oder eben Französisch.

Von wegen Großbritannien

Verschwörung und Verrat

Oben: »Mein Name ist Walsingham« –
Sir Francis Walsingham leitet den
elisabethanischen Geheimdienst mit
absoluter Loyalität und tödlicher
Effizienz.

Rechte Seite: Der in letzter Minute
verhinderte »Gunpowder Plot« ist
in England Legende, an die in jedem
Jahr mit lodernden Flammen und
einem Feuerwerk gedacht wird.

N eben dem Union Jack, dem afternoon tea, fish and chips und den Beatles kann man auch Shakespeare als britische Ikone bezeichnen. Sicher? Sicher. Interessant, denn zu Williams Lebzeiten war das vereinte Königreich Großbritannien nur eine Idee oder man könnte sogar sagen: ein politischer Traum.

Großbritannien, was versteht man darunter zu Williams Zeiten? Die erste Antwort ist wieder eine, die mit den wichtigsten Schlagworten seiner Zeit umzugehen hat: Wandel und Veränderung. Als er beginnt, seine Stücke zu schreiben, sieht sich William Shakespeare ganz klar als Engländer. Seine Königin ist Elisabeth, die Anglikanerin, die den Thron gegen die Ansprüche ihrer Cousine in Schottland, der schönen, unseligen und vor allen Dingen katholischen Maria Stuart, für sich fordert. Kein Wunder, dass ein Großteil seines Werkes aus diesen Jahren ausschließlich die englische Vergangenheit und Geschichte dramatisiert. Das ändert sich jedoch mit der Thronbesteigung Jakobs I., Marias Sohn. Um zu verstehen, warum das so ist, hilft ein schneller Blick auf Großbritannien, oder besser die Länder, die zu diesem vereint werden sollen.

Wales – das Königreich gehört schon seit 1282 zur englischen Krone, als Eduard I. seine hochschwangere Frau dorthin reisen lässt, damit sie ihren Sohn, den späteren König

Eduard II., auf walisischem Grund und Boden zur Welt bringt. Formell tritt Wales dem britischen Königreich erst 1536 bei. Das walisische Gesetz verliert seine Kraft, es unterwirft sich mit dem »Act of Union« der englischen Gesetzgebung.

Schottland – die berechnende Elisabeth I. schickt den gutaussehenden Lord Henry Darnley als Botschafter an Marias Hof. Elisabeth weiß, wie empfänglich ihre am französischen Hof erzogene und im rauen Schottland schrecklich einsame Cousine für Schmeichelei und männliche Schönheit ist. Ihre Rechnung geht auf: Maria Stuart heiratet Darnley, und die beiden haben einen einzigen Sohn, Jakob, der als Einjähriger den schottischen Thron besteigt. Von dem Kind in der Wiege bis zum Mann auf dem Thron ist es ein weiter Weg. Doch Jakob beschreitet ihn stetig, von Elisabeth weise begleitet. Von Anfang an bemüht sie sich aus der Entfernung um ein gutes Verhältnis zu dem Jungen, der im Schloss Hollyrood House in Edinburgh aufwächst. Auch wenn die Frage nach ihrer Nachfolge an Hochverrat grenzt: Wer außer Jakob soll den Thron nach ihr besteigen? Als er es 1603 tut, gelingt ihm, was jahrhundertelang zuvor unmöglich schien – nämlich England und Schottland zu einen: und das, ohne einen einzigen Schuss abzufeuern oder auch nur einen Tropfen Blut zu vergießen. Zu einer vollen, gesetzlichen Union aber kommt es erst über hundert Jahre später, 1707.

Wächst damit zusammen, was zusammengehört? Jakob I. will in jedem Fall einen britischen Staat schaffen, und er spricht von »Our title, King of Great Britain«, das heißt: England, Wales, dem so schwierigen Anspruch auf die Lordschaft in Irland sowie einem nominalen Anspruch auf den Thron von Frankreich. In den während seiner Regierung entstehenden Stücken reflektiert William Shakespeare, was es bedeutet, Brite zu sein. Falstaff spricht in »Heinrich IV.« von

»our british nation« (»unser Volk von Briten«) und Edgar in »König Lear« von einem »British Man« (»Ich wittre, wittre Britenblut!«). Die Königin in »Cymbeline« dagegen träumt davon, »the placing of the british crown« (»Hab ich die Britenkrone zu vergeben …«) zu haben.

Als Jakob beschließt, dass die neue Nation nun eine für alle gültige Flagge erhalten soll, zeigt sich allerdings, wie heikel es um die von ihm so stolz proklamierte »Happy Marriage« zwischen England und Schottland steht. Englands Flagge ziert bis dahin das rote Georgs-Kreuz auf weißem Grund, Schottlands Flagge dagegen das weiße Andreas-Kreuz auf blauem Tuch. Wie die beiden einen? Soll man sie einfach nebeneinander wehen lassen? Das geht nicht. Ein Land, ein Volk, eine Fahne. Im Nachhinein erscheinen die vielen Versuche, bis man sich auf den »Union Jack« einigt, ebenso faszinierend wie verwirrend. Nebeneinander, ineinander, übereinander: Wie eine neue Fahne schaffen, deren Aussehen keine der beiden vorhergehenden dominiert? Wie und wann genau es zu dem Einfall kam, einfach beide Kreuze aufeinanderzulegen, ist unbekannt. In jedem Fall proklamiert der König die neue Flagge am 10. April 1606 – »to all the subjects of this Isle and kingdom of Great Britain«. Jakob I. arbeitet ohne Rast und Ruh an der Darstellung eines geeinten, starken Reiches – sei es durch Münzprägung, sei es durch mitreißende Reden.

William Shakespeare ist dabei ganz Ohr. Seit der Thronbesteigung des Stuart-Königs ist er vom Engländer zum Briten geworden – auch wenn er in »Macbeth« Schottland als ein wildes und gesetzloses Land porträtiert, das einem utopischen, geordneten und friedvollen England gegenübersteht. Ein geordnetes und friedvolles Reich – davon träumen die Engländer unter Elisabeth I. tatsächlich oft nur. Zu groß ist die stete Bedrohung durch das katholische Festland, durch Franzo-

sen, Portugiesen, Spanier – vor allen Dingen seitdem sich die Königin mehr und mehr für die Seefahrt interessiert und sich für England starkmacht. Dies tut sie demonstrativ, ohne je einen Schritt zurückzuweichen. Am gefährlichsten ist, dass die Feinde durch die Hintertür ins englische Reich einfallen. Schlimmer noch: Diese Hintertür namens Irland wird ihnen von den Einwohnern dort geöffnet.

Irland – Londons Sorge um ein Bündnis der Iren mit den ärgsten Feinden Englands ist gewiss nicht unbegründet. Die wichtigen irischen Familien waren und sind alle katholisch – und dies auch während der langen Zeit der stürmischen Ereignisse der Tudor-Herrschaft. Zwei lange, für Irland sehr blutig ausgehende, durch England grausam niedergeschlagene und sehr teure Rebellionen machen Geschichte. Immer geht es um die Vorherrschaft in der Region von Munster. Die Des-

mond-Rebellion – benannt nach ihrem charismatischen Führer, dem 15. Earl of Desmond, der einst als Spielgefährte von Elisabeths Halbbruder Eduard aufwachsen sollte, ehe dieser Plan verworfen wurde – beginnt 1569 und dauert bis 1573. Vier Jahre, die geprägt sind von Ränken, Brutalität, Blutvergießen und Verrat. Englische Gouverneure sollen die irischen Lords ersetzen, von denen einige nach England fliehen. Ihre privaten Armeen werden verboten, die Truppen des Papstes und des spanischen Königs dagegen vernichtend geschlagen. Der Earl of Desmond wird für 1000 Silberlinge an die Engländer verraten und ermordet. Seine Güter, ebenso wie die der anderen großen irischen Adligen, werden unter Elisabeths treuen und ruchlosen Feldherren aufgeteilt, während Äcker und Ernte in Flammen aufgehen. Die daraus resultierende Hungersnot ist schrecklich und in der irischen Fama unvergessen. Etwas, das

Elisabeth nicht gelingt, ist, die irische Kultur und Sprache aus-
zulöschen: Die bis heute bestehende Animosität zwischen
England und Irland reicht weit zurück.

Die zweite Rebellion der Iren gegen die elisabethanische Regierung ist dann die der Tyrones im Jahr 1594. In die
englische Geschichte ist dieses dunkle Kapitel als der Neun-
jährige Krieg eingegangen. Geändert hat sich in den knapp
20 Jahren seit dem Sieg über den Earl of Desmond nicht viel:
Der Grund für Tyrones Aufstand ist unverändert die Tatsache,
dass die Iren nicht von den Engländern kommandiert werden
wollen. Sie sind katholisch und erkennen Elisabeth I. nicht
als Königin an. Zudem lockt Philipp von Spanien die irischen
Lords mit viel Geld.

Nachdem die englische Armee in Irland eine vernich-
tende Niederlage erleidet, erlebt Elisabeth noch eine private
Katastrophe während des Neunjährigen Kriegs. Sie sendet ihren Liebhaber und Günstling, den Earl of Essex, in den Nor-

den. Der schließt dort einen unerlaubten Frieden mit den
Iren, kehrt nach England zurück und will gegen seine Königin
rebellieren. Umsonst: Der Earl of Essex wird im Februar
1601 auf dem Tower Green wegen Hochverrats hingerichtet.
Die Kämpfe im Norden dagegen ziehen sich hin, endlos,
gnadenlos, mit Tausenden von Toten. Dieser andauernde Krieg
bedeutet einen unglaublichen Aderlass für das kleine, aber
hartnäckig kämpfende Irland. Erst eine Woche nach Elisabeths
Tod einigen sich die Iren gütlich mit dem neuen König, der
doch einmal Katholik gewesen ist und sicherlich ein Herz für
ihr Anliegen hat. Jakob I. ist froh, diesen Frieden zu schließen.
Der Krieg gegen Irland hat die Staatskasse an die drei Millionen Pfund gekostet, eine damals unvorstellbar hohe Summe.

Der Engländer, der Schotte, der Waliser und der Ire –
William Shakespeare kennt nationale Stereotype genauso,
wie wir heute den Münchner über den Hamburger spötteln
hören und umgekehrt. Vertreter aller vier Nationen sitzen in

EYGENTLICHE ABBILDVNG WIE ETLICH ENGLISCHE EDELLEVT EINEN RAHT schließen den König sampt dem gantzen Parlament mit Pulfer zuvertilgen.

»Heinrich IV.« um einen Kochtopf, frotzeln und gehen sich gegenseitig an. »What ish my nation? Ish a villain, and a bastard, and a knave, and a rascal. What ish my nation? Who talks of my nation?« (»Meine Nation? Was ischt meine Nation? Ischt's ein Hundsfott, und ein Bastard, und ein Schelm, und ein Schurke? Was ischt meine Nation? Wer spricht von meiner Nation?«), sagt Captain MacMorris, dem schon aus einem guten Grund eine Sonderrolle in Shakespeares gesamtem Schaffen zukommt. Der Barde beschreibt die Welt, und in seinem Werk werden unzählige Nationen zum Schauplatz, und ihre Einwohner kommen zu Wort. MacMorris aber ist der einzige Ire in all seinen Stücken. Und das, obwohl Irland sicher in den Gedanken und Gesprächen des elisabethanischen Engländers

sehr häufig eine Rolle spielt. Shakespeare setzt Schottland in seinem »Macbeth« ein Denkmal – aber erschafft nur einen einzigen Iren in all seinen Schauspielen.

Vielleicht steht dieser einsame Soldat für die Tausende und Abertausende, die jenseits der Grenze gegen die Tudor-Truppen kämpfen. Schauer jagen über die Rücken der groundlings, wenn MacMorris blutrünstig murmelt: »There are throats to be cut …« (»Und da hat sich's Kehlen abzuschneiden«). Spricht hier einer für alle? Als Shakespeare »Heinrich IV.« 1599 verfasst, steht der englische Krieg gegen die Iren auf der Kippe. MacMorris mag hier für all das stehen, was der Brite im Iren fürchtet, verachtet und vielleicht auch insgeheim, zitternden Herzens, bewundert: der einfache, barbarische, unfassbar raue, im Wald lebende und Wurzeln essende Soldat, der kern. Der berühmteste aller kerns, und der einzig echte, aber ist der Rebell Rory Oge O'More, eine Art irischer William Wallace. Er ist die Art Ire, die ein jeder Zuschauer in Shakespeares »Globe« fürchtete: hart, edel, todesmutig, zu allem bereit, um seine Ideale zu verteidigen. Als kern lebt O'More im Wald, er verschmilzt von einem Atemzug zum anderen mit der wilden Landschaft, die seine Heimat ist. Bewaffnet ist er nur mit einem Dolch, oder eben Pfeil und Bogen. Seine Art des Kampfes ist still und schnell. Ein Albtraum für den schwerfälligen, bis an die Zähne bewaffneten Engländer. Vielleicht ist die Tatsache, dass der irische Konflikt so ausufert, dass er so ungewöhnlich gewalttätig ist, auch in der Person O'More begründet. In London sieht man in ihm einen Hexer mit schwarzem Gewissen. Mehr noch als die Rebellionen der irischen Lords Des-

mond und Tyrone beeinflusst er die englische Elite in ihrer Haltung gegenüber den Iren und ist Ursache für die Gnadenlosigkeit, mit der sie sich schließlich an dem ausgeplünderten Land bedienen. Rory Oge gelingt es viele Male, den elisabethanischen Truppen zu entkommen, doch irgendwann hat auch seine Glückssträhne ein Ende. Er wird verraten, geht in eine Falle und wird geköpft. Sein blutiges Haupt ziert den Eingang von Dublin Castle über Wochen hinweg.

Es ist nicht allein der Kampf um ein vereintes Großbritannien, der Elisabeth ihre Regierung erschwert und den William Shakespeare sicher so interessiert wie alle Engländer verfolgt. Keines seiner historischen Stücke, in denen Herrscher und ihr Schicksal beschrieben werden, bringt den Betrachter auf die Idee, dass es schön und komfortabel sein muss, König oder Königin zu sein! In seinem gesamten Schaffen wird das wohl kapitalste aller Verbrechen, der Mord an einem Monarchen, zugleich als Ausnahme und doch auch als unvermeidlich beschrieben. Rory Oge nähert sich London und der Königin körperlich nie, andere sind da weniger zimperlich. Der Tod eines Monarchen, die Veränderung, die er bedeutet, ist nie eine nur persönliche Angelegenheit. Es geht um den Staat und die Kontinuität der Macht.

Königin Elisabeth übersteht mindestens vier große Verschwörungen, die sie um den Thron und ihr Leben bringen wollen: die Ridolfi-Verschwörung von 1570, die Throckmorton-Verschwörung des Jahres 1583, 1586 die Babington- und schließlich im Jahr 1594 die Lopez-Verschwörung. Diverse Male verdankt sie ihrem hervorragenden Geheimdienst unter Sir Francis Walsingham, dass diese aufgedeckt und vereitelt werden. Elisabeth ist so misstrauisch, dass ihr Verhalten an Verfolgungswahn grenzt. Weiß das Volk von diesen Verschwörungen, und wenn ja, wie ist dies möglich? Hört Shakespeare,

Linke Seite: Die Laterne der Verschwörer des »Gunpowder Plot«.
Rechts: Ausländer raus – immer suspekt sind der Königin und Walsingham Katholiken spanischer oder katholischer Herkunft, wobei mit den Schotten und Iren auch nicht zu scherzen ist.

wenn wieder ein Verräter daran gehindert wird, dem Leben »Glorianas« und ihrem Streben, das Reich zu einen, ein Ende zu setzen? Ja, alle Welt spricht darüber, auf ihre eigene Weise. Wie man eben spricht, munkelt, ausbaut, verschönert oder dramatisiert in den Tagen vor den Massenmedien. »Sicher« ist nur der Kopf des Verschwörers, wenn er in Tyburn auf einer Pike steckt. Doch bald gibt es Holzschnitte, Gedichte, Pamphlete und Gesänge, die alles ganz genau wiedergeben. Die Verschwörer sind nicht nur immer katholisch, sondern auch noch ausnahmslos Ausländer. Agenten des spanischen Königs oder eben des Papstes, die nur eines im Sinn haben: Elisabeth I., und später auch Jakob I., zu töten. Die

Konsequenz eines erfolgreichen Verrates und einer geglückten Verschwörung wäre für England und das knospende Großbritannien furchtbar. Keine der tatsächlichen Verschwörungen findet ihren Weg in Shakespeares Werk. Aber das, was sie ausmacht, die Furcht vor Verrat, ist in ihm allgegenwärtig: Seien es Heinrich V., der mit den Franzosen zu verhandeln hat, oder Brutus und Cassius, die den Mord an Julius Caesar planen. »Whilst bloody treason flourished over us« (»Und über uns frohlockte blutge Tücke«), sagt Marcus Antonius.

Wie stark die Furcht vor dem Fremden und die Gerüchte über den feindlichen König von Spanien die Engländer verunsichern, zeigt sich während der Lopez-Verschwörung.

Lopez hat keinen Grund, ein Komplott anzuzetteln: Er ist der Sohn eines unter Zwang konvertierten Juden portugiesischer Abstammung und Arzt, der sowohl der Königin als auch ihrem Günstling, dem Earl of Essex, dient. Er verhandelt oft – zu oft – mit dem spanischen Botschafter in Frankreich, um Friedensverhandlungen zwischen Spanien und England anzubahnen, und mag sich dabei auch indiskret über den jungen Earl of Essex, dessen Gesundheit und auch dessen Potenz,

äußern. Essex erfährt davon und ist außer sich: Er hat sich und der Königin wohl etwas zu beweisen. Seine Nachforschungen gegenüber Lopez sind unermüdlich, bis er ihm endlich Verrat und Verschwörung nachweisen kann. Der spanische Botschafter soll Lopez 50 000 Kronen versprochen haben, wenn er sich bereiterkläre, die Königin zu vergiften. Lopez wird in Tyburn gehängt und geviertteilt. Es ist gut möglich, dass er unschuldig ist – selbst Elisabeth soll ihre Zweifel haben. Aber der Mann ist gefangen in einem Käfig aus Vorurteilen, Misstrauen, Neid, Ehrgeiz und Furcht, aus dem es kein Entkommen gibt.

Ganz und gar schuldig dagegen ist Guy Fawkes, Kopf der bekanntesten aller Verschwörungen, die zu Lebzeiten William Shakespeares in London vor sich gehen. Der »Gunpowder Plot« ist der Plan, im Jahr 1605 das Parlament mitsamt dem König in die Luft zu jagen. Die Katholiken in England und den umliegenden Staaten haben sich wie die Iren viel von Jakob I., ihrem ehemaligen Glaubensbruder, erwartet. Er wird sich dem Katholizismus gegenüber aufgeschlossener zeigen als seine Vorgängerin Elisabeth, oder nicht? Schließlich ist er ein Stuart, katholisch getauft! Weit gefehlt – London ist Jakob eine Messe wert, und er konvertiert mit Leib, Herz, Seele und vor allen Dingen seinem Verstand. Es gibt für diesen gründlichen,

methodischen Mann keine Halbheiten: Alle katholischen Priester haben das Land zu verlassen. Das erzürnt die katholische Fraktion so sehr, dass sie den neuen König gleich wieder beseitigen wollen, um seine junge Tochter auf den Thron zu setzen und aus ihr eine anständige Katholikin zu machen. In der Nacht des 5. November 1606, als Jakob das Parlament eröffnet, soll dieses in die Luft gehen. Guy Fawkes und seine Männer haben ein Haus neben dem Westminster Palace gemietet und rollen 36 Fass Schwarzpulver durch einen Tunnel in den Keller des House of Lords. Schwer, eine solche Aktion geheim zu halten, selbst wenn sie bei Nacht und Nebel vor sich geht. Jemand sieht, jemand hört, jemand weiß doch immer etwas. Jakob I. behält den verdienten Geheimdienst seiner verstorbenen Tante bei, denn Anschläge auf sein Leben ist er gewohnt. Schon im Mutterleib überlebte er das erste Attentat: Vor den Augen der hochschwangeren Maria Stuart erstechen ihre Lords den italienischen Musiker Rizzio, vielleicht in der Hoffnung, eine Fehlgeburt auszulösen. So ist er gefeit: Gerade als Fawkes dabei ist, die Lunte zu zünden, wird er verhaftet. Unter Folter gesteht er schnell die Namen seiner Kumpanen: Seine Unterschrift unter dem Geständnis ist nicht mehr als das Gekrakel seiner in der Daumenschraube gebrochenen Finger. Fawkes wird gehenkt, ihm werden die Eingeweide aus dem gerade noch lebendigen Leib gerissen, und schließlich wird er geviertelt. Um die Vereitelung des Attentats und sein Überleben zu feiern, befiehlt der junge König das Zünden von Freudenfeuern im ganzen Land. Noch heute basteln britische Schulkinder Anfang November Strohpuppen, die den Verschwörer Guy Fawkes darstellen, und verbrennen sie in der »Bonfire Night« mit Gusto. Das hat er nun davon, der Mann, der Verräter und Verschwörer, der sich an Großbritannien und seinem Monarchen vergreifen wollte!

Übersinnliches

Verführt und verzaubert

Oben: John Dee, ein Magier, Astrologe, Astronom und Visionär der Tudor-Zeit.
Rechte Seite: Hexen gehören zum elisabethanischen Alltag – am mächtigsten scheinen sie jenseits der Grenzen, in Schottland, zu sein.

Eine Königin, deren Misstrauen vor allen Dingen in den letzten Lebensjahren an Verfolgungswahn grenzt, ein König, dem schon die reale Welt nicht ganz geheuer ist. Dennoch, als Jakob I. die Herrschaft übernimmt, ist England in Feierstimmung. »Gloriana« hat groß regiert, doch ihre letzten Jahre wurden dem Land zu viel. Zu viel Schweigen über eine mögliche Nachfolge, letztendlich über die Zukunft des Reichs. Als Jakob I. den Thron besteigt, hat er bereits zwei männliche Erben mit seiner Frau Anne von Dänemark wie auch eine Tochter, die diplomatisch geschickt auf den Namen Elisabeth getauft wird. Er ist Protestant: England scheint auf dem besten Weg, eine vernünftige, moderne Nation zu werden.

Aber lässt sich alter Glauben einfach so per Gesetz verbieten? Der Katholizismus vielleicht – aber wie sieht es mit den vielen kleinen Bräuchen und Gewohnheiten aus, an denen die Menschen seit Jahrhunderten hängen? Nur einige Beispiele: Ein Kalbsherz, mit Nägeln gespickt, soll in die Wand eingemauert den Stall vor dem bösen Blick bewahren; die Nachgeburt der Kuh, in östlicher Richtung vor der Stalltür vergraben, lässt die Kühe mehr Milch geben; eine junge Schleiereule, lebendig an den Pfosten genagelt, das Eisen durch das Herz, schützt das Haus vor Krankheit; das Auge eines der »Gunpowderplot«-Verschwörer wird wieder aus dem Kochtopf

Oben: Shakespeare setzt allen schottischen Hexen mit seinen von den Graien-Schwestern inspirierten Damen in »Macbeth« ein Denkmal.

(in dem grausigerweise die gevierteilten Körperteile abgekocht werden) gefischt und in Silber als Reliquie gefasst.

In England lebt der Aberglaube ebenso weiter wie in vielen Ländern des Kontinents, Kirche hin oder her. Der König selber hat große, sehr große Angst vor allem, was übersinnlich ist. Vor allem vor dem, was einem Fluch oder dem bösen Blick gleichkommen könnte. Die Geister scheinen überall präsent zu sein, und das auch in William Shakespeares Werken. Angefangen bei Prosperos Helfern in »Der Sturm« über Titanias Hofstaat in »Ein Sommernachtstraum« bis zu den dunklen drei Hexen in seinem schottischen Stück »Macbeth« ist für den Poeten alles beseelt. Herrscher wie Volk glauben an Geister, an den Teufel, an das Fegefeuer, das ewige Leben und eine ungemein belebte, vielgestaltige Welt dazwischen. Feen, Hexen, Geister, Wiedergänger – damit kann man einen Zuschauer im »Globe« kaum erstaunen. Liegt doch der Gründungsmythos Englands im Reich des Königs Arthur – mit seinem Helfer Merlin, seinem Konflikt mit der bösen, ebenso gehassten wie geliebten Halbschwester, der Fee Morgana, den missglückten Liebeszaubern, die zwischen ihm, Guinevre und Lancelot ihre verhängnisvollen Netze weben, in denen sich die drei hilflos verfangen. Dieser Mythos, das Nebeneinander von christlicher Religion und altem Glauben – oder eben Aberglauben –, ist tief in der Seele des Engländers verwurzelt. Auf Avalon, der Insel der Feen, dort wartet er, der große König, dem am Ende so viel Schmach angetan worden ist. Von dort kommt er wieder, wenn das Reich ihn braucht.

Jede Gemeinschaft hat so ihr Medium, eine Person, die in die Welt der Geister eingelassen wird, sei es mit Hilfe von Pendeln, Hypnose, Trance oder auch Rauschmitteln. Ein Meister des Okkulten ist der Mathematiker Dr. John Dee, den auch Elisabeth wiederholt aufsucht, um von ihm das für ihre Krönung beste Datum zu erfahren und sich anderweitig beraten zu lassen. Dieser erstellt auch Horoskope, unterhält sie mit diversen Erscheinungen und einem ganzen Theater von Engeln, oder eben: Geistern, die er rief und die er beherrschen kann. Seine spezielle Mischung aus Wissenschaft und Aberglauben berührt einen Nerv im Königreich, das gefangen ist zwischen Mittelalter und Moderne. Dr. John Dee hat sicher seine Spuren in Marlowes »Doktor Faustus« wie auch Shakespeares Prospero in »Der Sturm« hinterlassen. Er wird der Hexerei angeklagt, verteidigt sich jedoch erfolgreich, ein bisschen wie eine beleidigte Primadonna. Die Hexerei fasziniert die Menschen, macht ihnen Angst, aber auch Lust, mehr zu erfahren. Ein Bestseller aus dem Jahre 1597 ist das vom Bischof von London, Richard Bancroft, zusammengestellte »The most wonderfull and true storie of a certain witch named Alse Gooderidge«. Es geht um Hexerei, es geht darum, es mit dem Teufel zu treiben, es geht um Exorzismus, es geht um Folter und um die Erlösung der Seele.

1603, mit der Thronbesteigung Jakobs I., wird Shakespeares Schauspiel-Truppe in »The King's Men« umbenannt – eine hohe Ehre. Die Mimen des »Globe« stehen nun unter dem Schutz des Monarchen, der das Theater liebt und sich viel mehr Stücke als seine Vorgängerin Elisabeth I. ansieht. Gleichzeitig erhalten Shakespeare und seine Männer den Ehrentitel »Kammerdiener«. Sie tragen Livree bei Hof und gehören sozusagen dem inneren Zirkel um den Monarchen an. Das erlaubt William Shakespeare neue Einblicke in das tückische Leben bei Hof: die Ränke, die Enge, die Furcht, den Hass, das Misstrauen, den Ehrgeiz und was es eben noch so an menschlichen Passionen gibt, wenn viele um weniges kämpfen.

Angedeutet hat er diese geradezu elektrisierende Atmosphäre der ständigen Unsicherheit bereits in »Hamlet«, doch in »Macbeth« geht er noch weiter. Vielleicht denkt

Shakespeare an seinen neuen Ehrentitel und seine neue Position, wenn er die Mörder des Königs Duncan die unschuldig schlafenden Kammerdiener mit Blut beschmieren lässt, damit der Verdacht, den König ermordet zu haben, auf diese fällt. Wie sehr die übersinnliche Welt in das Stück einfließt, ist offensichtlich: Banquos Geist, der im Haus umherwandelt, Lady Macbeth, die sich die Hände wäscht und wäscht und sich doch nie vom Blut des ermordeten Monarchen reinigen kann. Am bekanntesten sind natürlich die drei Hexen, drei Schwestern, den Graien-Schwestern gleich, die sich ein Auge und einen Zahn teilen. Sie begleiten das Stück und das in ihm geschilderte menschliche Schicksal, ja, lenken es auf unheimliche Art und Weise. Griechisch auch ihre Art des Orakels: Klar und deutlich gesprochen, kann es doch von einem Menschen nur missverstanden werden. Wälder, die sich auf das Schloss zubewegen? Fürchterlich! Ein Mann, der nicht von einer Frau geboren wurde? Wie soll es solch ein Monster geben?

Dabei geht Shakespeare bei der Schilderung seiner schottischen Hexen von einem sehr konkreten Fall aus, in den einmal mehr auch der König involviert ist. Dessen Verständnis von Übersinnlichkeit ist von der politischen Wirklichkeit und der Intrige nicht zu lösen. Als er sich als junger König nach Dänemark aufmachen will, um seine Braut Anne nach Edinburgh zu holen, verhindern wiederholt schreckliche Stürme ein Treffen mit der Verlobten. Selbst als Jakob endlich segeln kann, um Anne 1589 in Oslo zu treffen, erleidet er beinahe Schiffbruch, so rau ist die See. Kann dies mit rechten Dingen zugehen? Shakespeare beschreibt es in Macbeth: »Though his bark cannot be lost / yet it shall be tempest-tossed« (»Wird auch nicht sein Schiff zerschmettert, solls doch bleiben sturmumwettert!«). Jakob und Anne überwintern in Dänemark, und als sie dann 1590 nach Schottland zurück-

kehren, kommt es erneut zu ungewöhnlichen Stürmen auf der Nordsee. Für den dänischen Admiral Munk ist die Sache klar, und er braucht nicht lange, Jakob wie auch Annes Bruder, Christian IV., von seiner Ansicht zu überzeugen: Hier ist Hexerei am Werk! Kurz darauf werden sechs Frauen als Hexen verdammt und hingerichtet. Aber genügt es, wenn Hexen sich nur auf einer Seite des Meeres verschwören? Nein. Die Ermittlungen weiten sich aus, und das Misstrauen richtet sich auch gegen Francis Bothwell, Vetter und Rivale des schottischen Königs. Unter Folter wird ein erstes Geständnis erzwungen: Eine gewisse Agnes Sampson gesteht, sich gemeinsam mit einer Gruppe Hexen aus North Berwick gegen den König verschworen und sein Schiff wie auch die Fluten zwischen Jakob und seiner Braut verflucht zu haben. Bothwell flieht ins Exil, und Jakob schreibt erleichtert an Elisabeth, auf welch glückliche Art und Weise er diesen übersinnlichen Anschlag,

Unten: Anklage wegen Hexerei führt zu hochnotpeinlichen Verhören.

Oben: Ein Fabelwesen am Fachwerk des Harvard House in Stratford-upon-Avon.

Schrecklicher noch ist eine Kopfspange mit eiserner Spitze, die die Zunge der Frau fixiert. Vielleicht dienen die Ringe auch dazu, eine Hexe überhaupt erst einmal zu identifizieren? Schließlich sollen diese ja nicht bluten, wenn sie gestochen werden. Shakespeare spielt auf diesen Aberglauben in »Der Kaufmann von Venedig« an, wenn Shylock vor Gericht sagt: »If you prick us, do we not bleed?« (»Wenn ihr uns stecht, bluten wir nicht?«) Obwohl Hexen und ihre Macht also allgegenwärtig scheinen, ist Shakespeare bei ihrer Darstellung eher vorsichtig. Fürchtet er, sich den bösen Blick zuzuziehen? Seine Hexen sind mysteriöse Geschöpfe, die ihr Wesen mehr aus der griechischen Tragödie und aus biblischen Erzählungen ziehen als aus dem Schlamm eines schottischen Dorfes im 16. Jahrhundert. Mehr als das Aussehen der Frauen fasziniert den Barden ihre Sprache: alte Worte, zu neuer Bedeutung zusammengeworfen: »Thrice to thane and thrice to mine, and thrice again to make up nine. Peace, the charm's wound up.« (»Dreimal dein und dreimal mein, Und dreimal noch, so macht es neun! Still! – Der Zauber ist geknüpft.«) Worte, die den Aberglauben des Volkes widerspiegeln, das abhängig ist von unvorhersehbaren Kräften wie den Jahreszeiten, Missernten und Stürmen. Glück und Unglück liegen so nahe beieinander, viel zu nahe. Agnes Sampson soll mit folgenden Worten Schmerz aus einem Kranken gezogen haben – Schmerz, der dann in sie selber fährt, ehe er in die Erde schlägt, einem Blitzableiter gleich: »Forth of the Flesh and the bone, And in the Earth and in the stone« (»Fort mit Euch aus Fleisch und Knochen, ab in Erd' und Stein gekrochen!«). Shakespeares Hexen streifen die Folklore des Volkes nur – auch wenn eine von ihnen gerade von »killing Swine« (»Schweine gewürgt!«) zurückkommt.

Der Glaube an die Magie, sei sie hilfreich oder zerstörend, ist im England Shakespeares noch immer allgegen-

bei dem dunkle Mächte mit dem Teufel im Bunde waren, überlebt hat. Die Neuigkeiten von Bothwell und der Hexe Agnes Sampson erreichen auch den Londoner auf der Straße: Ein Pamphlet namens »Newes from Scotland« zirkuliert, das neben dem Sturm und dem gegen die Winde kämpfenden Schiff auch die Hexen über einen Kochtopf gebeugt zeigt, in dem sie rühren und brauen. In Schottland entwickelt man spezielle Folterwerkzeuge, die im Zusammenhang mit Hexenprozessen genutzt werden: Halsringe, deren Inneres mit Stacheln besetzt ist.

204.
1504.

R. Steenwyck

Oben: Alchimisten-Alltag –
Forschung und Wissenschaft
haben gefährliche Seiten,
wirken aber auf den regen Geist
der Shakespeare'schen Tage
besonders anziehend.

wärtig. Man trägt Amulette, sammelt Kräuter und glaubt an die heilende oder schützende Kraft von Steinen. Die schottischen Familien Campbell of Glenorchy wie auch die Macleans of Mull besitzen im 16. und 17. Jahrhundert solche Amulette aus Bergkristall, Korallen und Silber sowie Perlen und wiederum Bergkristall. Beide sollen Haus und Hof gegen den bösen Blick, Missernte und Hexerei schützen. Diese Amulette belegen alles, was Jakob I. in seinem Reich Schottland fürchtet. Sie zeigen, was er verachtet und was er von seinen Untertanen denkt: Barbaren im westlichen Hochland, das sind sie, allesamt.

Als am Ende von »Macbeth« der rechtschaffene Malcolm von einer neuen Ordnung für Schottland redet, spricht er dem König wahrscheinlich aus der Seele. »My thanes and kinsmen /Henceforth be earls; the first that ever Scotland /in such a honour named« (»Thans und Vettern, hinfort seid Grafen, die zuerst in Schottland mit dieser Ehre prangen«). Diese Worte umschreiben ein neues, modernes Schottland, das sich England anschließt – der Adelstitel »Thane« soll zum englischen Earl werden. Malcolm schließt Frieden mit Edward The Confessor, Jakob VI. von Schottland schließt als Jakob I. von England in Scone und London die beiden historisch antagonistischen Länder zusammen. Seine Hexen spielen dabei auch ihre Rolle: Sie sorgen für Irritation auf dem Pfad zum Licht, zum Guten und Rechtschaffenen. Dabei hilft der Barde schlau seinem verunsicherten König: Er betont nicht dessen Abstammung von der Mutter, der verhassten Maria Stuart, sondern die von den Tudors durch seine Großmutter, die Schwester Heinrichs VIII., und seine direkte Abstammung von Fleance, Sohn des gemeuchelten Banquo, der eine Prinzessin von Wales heiratet und dann das Haus Stuart begründet. In »Macbeth« wird ausgerufen: »Shall Banquos issue ever reign in this kingdom?« (»Wird Banquos Same je dies Reich regieren?«)

Vielleicht hat George Buchanan, der Erzieher des jungen Königs Jakob I., Recht, wenn er sagt, der wahre Macbeth sei ein Mann von Genie, Geist und grenzenloser Ambition gewesen, dessen Leben sich mehr für das Theater und nicht so sehr für den Geschichtsunterricht eignet.

Aber nicht alle übersinnlichen Kräfte in Shakespeares Werk sind dunkel, wie auch der Glaube in seinen Tagen viele heitere, erfreuliche Seiten hatte. Liebestränke, helle Sommernächte voll Tanz, Musik, Verkleidung und Trank wie auch das namenlos Geheimnisvolle der menschlichen Existenz verlangen danach. Die Inspiration zu »Der Sommernachtstraum« lag da nahe, ebenso wie der liebenswerte Unfug, den Oberon und Titania mit ihren Mächten treiben. Prospero im Exil auf seiner Insel ist dagegen sicher die positivste Darstellung eines Magiers im Werk Shakespeares, auch wenn er auf seine Kräfte später freiwillig verzichtet. »But this rough magic/I here abjure …« (»Doch alle schreckliche Magie verschwör' ich«). Christopher Marlowe lässt seinen »Doktor Faustus«, der aus Ehrgeiz und Arroganz die Tür zur anderen Welt aufstößt, die von dort kommende Macht fürchten. Prospero dagegen trifft seine Wahl aus freien Stücken.

Inspiration für diese Rollen fand Shakespeare sicher wie Marlowe in Dr. John Dee, und der hat im wahren Leben weniger Glück. Elisabeth I. macht ihn zum Vorstand des »Christ's College« in Manchester. Jakob I. dagegen hat nicht so viel Respekt vor seiner Kunst. Dr. Dees Familie ist wohl 1605 während der Pest zu Tode gekommen, er selber kehrt nach Mortlake zurück und verbringt seine letzten Jahre in Einsamkeit und Armut. Dee wird heute als früher Gelehrter, Wissenschaftler, Astrologe und Mathematiker respektiert, der von London bis Prag von den führenden Mächten konsultiert wurde.

Gute Zeiten, schlechte Zeiten

In England ticken die Uhren anders

Oben: Das Spielzeug eines Gentleman – Taschenuhr aus Tudor-Tagen.

Rechte Seite: Die Zeit und ihr Maß auf einem Stillleben der Zeit.

An welchem Tag, zu welcher Stunde macht sich William Shakespeare als junger Mann auf, um Stratford-upon-Avon zu verlassen? Und wann steht er in London angekommen am Morgen auf? Wie weiß er, wann er im Theater zu sein hat, als junger Schauspieler und dann bei seinem eigenen Haus, dem »Globe«? Auch wenn Zeit bei weitem nicht als dieselbe tyrannische Größe empfunden wird wie heutzutage, ist sie doch auch im elisabethanischen England das Maß aller Dinge. So schreibt Shakespeare in »Richard II.«:

> *»For now hath time made me his numbering clock.*
> *My thoughts are minutes, and with sighs they jar.*
> *Their watches on unto mine eyes, the outward watch*
> *Whereto my finger, like a dial's point,*
> *Is pointing still in cleansing them from tears.«*
> *(»Die Zeit verdarb ich, nun verderbt sie mich,*
> *Denn ihre Uhr hat sie aus mir gemacht;*
> *Gedanken sind Minuten, und sie picken*
> *Mit Seufzern ihre Zahlen an das Zifferblatt*
> *Der Augen, wo mein Finger wie ein Zeiger*
> *Stets hinweist, sie von Tränen reinigend.«)*

Dabei gibt es zu Shakespeares Lebzeiten für die Bevölkerung nur eine Möglichkeit, die Uhrzeit festzustellen: das Läuten der Kirchenglocken. Ganz sicher tickte im Haus auf der Henley

Street keine Uhr, und eine Minute hatte im Tagesablauf eines Handwerkers wie John Shakespeare keine Bedeutung. Deshalb lässt Shakespeare Richard II. sagen, dass das Geläut der Glocken wie Schläge auf sein Herz wirkt. Den Arbeitern auf dem Feld helfen die Glocken an den Kapellen der Schlösser und großen Herrenhäuser, ihren Tag einzuteilen. Wenn es an einem Ort mehr als eine Kirche gibt, so wird immer eine bestimmt, die die Zeit für die anderen vorgibt. In London sollen zu William Shakespeares Tagen mehr als 60 Kirchenglocken geläutet haben. Man spricht auf den Straßen deshalb von den Stunden der Glocke, und nicht von der Uhrzeit oder gar den Stunden des Tages. Über dieses eher vage Verständnis von Zeit im Alltag von William Shakespeares darf man nicht vergessen, dass gleichzeitig die Methoden, Zeit zu messen, vereinheitlicht und für alle gleichermaßen verbindlich wurden. Das im Mittelalter übliche Verfahren, Tages- und Nachtzeit in zwölf gleiche Einheiten zu unterteilen, hat ein Ende. Bisher waren so die Stunden im Sommer beinahe doppelt so lang wie im Winter. William Shakespeare teilt seinen Tag so ein, wie wir es

heute noch tun, in zwölf Stunden von je 60 Minuten. Der Markt öffnet, die Arbeit endet, es ist Zeit, zur Messe zu gehen: Das Schlagen der Kirchenuhr gibt gleichmäßige, zuverlässige Auskunft. Dabei hatten Kirchenuhren nur einen Zeiger für die Stunden. Erst im Verlauf des 17. Jahrhunderts erhalten sie Minutenzeiger.

Wer es so eilig hat, dass er Minuten zählt – Sekunden gibt es in der öffentlichen Wahrnehmung überhaupt noch nicht –, braucht eine Sanduhr oder, Meisterwerk der Technik und der Mechanik, eine Taschenuhr, von denen die besten aus Deutschland kommen. Biron in »Verlorene Liebesmüh« macht sich dennoch über sie lustig, wenn er sagt: »I seek a wife? A woman, that is like a German clock, Still a-repairing, ever out of frame, And never going a-right!« (»Wie, was, ich lieb', ich werb', ich such' ein Weib? Ein Weib, das einer deutschen Schlaguhr gleicht, stets dran zu bessern, ewig aus den Fugen, die niemals recht geht, wie sie auch sich stellt, als wenn man stets sie stellt, damit sie recht geht?«) Wichtiger als Minuten sind die Viertelstunden, die ebenfalls von den Kirchenglocken angezeigt werden. Pünktlichkeit war also möglich – und wichtig. Shakespeare spricht sogar von einem »Two hour traffic of the stage«. Und das sicher nur, weil es wichtig ist, die Zeit und ihr Maß einzuhalten. Heikel für das Theater ist die Tatsache, dass sowohl die Messe als auch Aufführungen im »Globe« um zwei Uhr nachmittags beginnen. Seelenheil oder Vergnügen, das ist hier die Frage. Stunden also. Minuten, ja, wenn es denn sein muss. Doch wer ist in seinem Tagesablauf so an die Zeit gebunden, dass er auf Minuten achten muss? Seeleute vielleicht, Priester – von denen erwartet wird, dass sie für zwei oder sogar drei Stunden auf die Kanzel steigen und dort predigen –, Alchimisten und Astrologen. Taschenuhren gibt es aufgrund ihres hohen Preises nur sehr wenige: Sie befinden sich höchstens im

Linke Seite: Die Tudor-Rose auf einer wunderschönen Taschenuhr – Elisabeth I. besitzt mehrere davon.
Rechts: Der Tyrann Zeit sieht sich von Liebe, Hoffnung und Venus besiegt.

Besitz von Adeligen und anderen sehr vermögenden Bürgern. Die günstigsten Modelle kosten gut und gerne fünf Pfund, eine Summe, von der ein mittlerer Handwerker ein ganzes Jahr mitsamt seiner Familie leben kann. Also eignen sich die Uhren eher als Spielzeug eines reichen Gentleman. Allgemein verbreitet waren sie auf keinen Fall. Von unschätzbarem Wert ist die kleine Uhr der Königin Elisabeth, die mit Perlen und Diamanten besetzt am Ende einer silbernen Kette hängt. Mit einem so unmittelbaren und privilegierten Blick auf die Zeit ließen sich unliebsame Audienzen mit gutem Grund früh beenden. Nichts hat im elisabethanischen England mehr Bestand als die Königin selber – unzählige Menschen werden unter ihrer Regierung geboren, und als sie sterben, sitzt »Gloriana« noch immer auf dem Thron. So verwundert es nicht, dass

Shakespeare die Königin in einem Sonett mit einer Uhr vergleicht – zumindest werden ihm die Zeilen zugeschrieben.

Die Zeit und ihr Verlauf dringen tief und tiefer in das menschliche Bewusstsein ein. In »Das Wintermärchen« lässt Shakespeare die Zeit – typisch für den Visionär – gar Fleisch und Blut annehmen und sprechen. Die Gestalt bezeichnet sich selbst als »Joy and Terror« (»Freud und Strafe«). Tatsächlich gibt es kaum ein Sonett oder Stück Shakespeares, in dem er nicht auf die Zeit Bezug nimmt. Eine Anspielung auf die schnell ablaufende Zeit bringt der Komödie Tempo, in der Tragödie dagegen erzeugt sie Bedrohung und Spannung. Um dies zu erreichen, nimmt sich Shakespeare sogar die künstlerische Freiheit, auch im alten Rom eine Kirchenglocke läuten zu lassen. In »Julius Caesar« sitzen die Verschwörer beisammen, als die Glo-

cke drei Mal zur vollen Stunde schlägt und sie auseinander-
gehen müssen.

In der Stadt, bei Hofe oder auf dem Land ist das zuverlässige Messen der Zeit um 1600 also möglich. Unterwegs und
entfernt von Kirchenglocken ist dies schon schwieriger. Reisende richten sich nach dem Stand der Sonne, um abzuschät-
zen, wie weit der Tag vorangeschritten ist. Praktisch ist ein
Ring, der auch als Sonnenuhr fungiert: Mit Hilfe eingelassener,
verschiebbarer Bänder lässt sich das Datum einstellen. In dieser
Miniversion des keltischen Stonehenge fällt ein Streifen Licht
durch eine Öse im Ring auf die korrekte Tageszeit. Die elabo-
riertesten Versionen dieser Ringe verzeichnen neben dem nor-
malen Kalender auch noch hohe christliche Feiertage und die
Breitengrade der wichtigsten europäischen Städte, so dass sie
auch bei Reisen ins Ausland genutzt werden können.

Wie sieht also der Tagesablauf eines Engländers aus,
wie mag Shakespeare seinen Tag eingeteilt haben? Nichts lässt
sich verallgemeinern, aber er ist vielleicht gegen sieben Uhr
aufgestanden, hat sich auf den Weg zum Gottesdienst gemacht
und sich danach zum Frühstück niedergelassen. Ein Schuljunge muss um acht Uhr in der grammar school sein. Aufge-
weckt wurde er allerdings schon um sechs Uhr, und dann gilt es
ohne Trödeln aufzustehen. Handwerker und einfache Arbeiter beginnen laut den unter Heinrich VIII. erlassenen Statuten
ihren Arbeitstag um fünf Uhr morgens, das allerdings nur
von Mitte September bis Mitte März, also während der kalten,
dunklen Wintermonate. Frühstücken dürfen sie gegen sieben.
Wochenenden gibt es in unserem Sinne nicht – außer eben den
Sonntag und die religiösen Feiertage.

Wenn man größere zeitliche Verläufe messen will,
kann man sich an den Jahren der Regentschaft des Königs
oder der Königin orientieren – für die Regierungszeit Elisabeths I. gilt als maßgebliches Datum der 17. November 1558.
Oder man zählt die Jahre seit Christi Geburt – Anno Domini.
Der Jahreswechsel erfolgt in England lange nicht am 1. Januar,
sondern traditionell am sogenannten »Lady Day«, dem 25.
März. Der Grund ist, dass dieser religiöse Feiertag mehr oder
weniger mit dem Gleichstand zwischen Tages- und Nachtstun-
den zusammenfällt. Viele alte Kulturen feiern um diese Zeit
noch immer ihr neues Jahr, wie zum Beispiel der Iran. Der
»Lady Day« ist der Tag, der im christlichen Kalender als Mariä
Verkündigung gefeiert wird: Es ist also nicht unlogisch, sein
Anno Domini hier beginnen zu lassen!

Die Festlegung des Jahresbeginns führt in Europa
zu Verwirrung. Im Jahre 1564 entscheidet der König von Frankreich im »Edikt von Roussillon«, dass von nun an der Jahreswechsel am 1. Januar stattzufinden habe. Venedig, das Heilige
Römische Reich, Spanien, Preußen, Dänemark und Schweden
haben dies bereits 1560 eingeführt, und Schottland schließt
sich ihnen im Jahr 1600 an. Nur in England dauert es sehr viel
länger: Erst im Jahr 1752 übernimmt das Inselreich diesen
Beschluss.

Zu William Shakespeares Lebzeiten kommt es zu wei-
terer Verwirrung um die Zeitmessung: 1582 stellt das gesamte
katholische Europa vom julianischen auf den gregorianischen
Kalender um. Astronomen haben schon lange belegt, dass
die Vorgaben des julianischen Kalenders das Jahr um gute zehn
Minuten länger machen, als es die Konstellation der Sterne vorgibt. Dank der auf dem Festland quasi universellen Umstellung
folgt auf den 4. Oktober der 15. Oktober. England hinkt in
seiner Zeitrechnung für lange Jahre dem Kontinent um ganze
zehn Tage hinterher. Hier ticken die Uhren eben wirklich anders.

William weltweit

Und für die Ewigkeit

William Shakespeares Kollege Ben Johnson sieht dessen glorreiche Zukunft voraus, als er sagt: »Shakespeare gehört keinem Zeitalter an, sondern der Ewigkeit.« Tatsächlich ist der Dichter aus Stratford-upon-Avon der berühmteste und erfolgreichste Dramatiker aller Zeiten. Er holte die damals bekannte Welt auf seine Bühne, nun IST die Welt zu seiner Bühne geworden.

Aber woran liegt das? Es gibt nur einen Barden. Shakespeares Welt ist eine einmalige Mischung aus Wechsel und Beständigkeit, aus Tendenzen, sich dem Neuen zu öffnen, und dem genau berechneten Festhalten am Altbekannten. Diese Mischung lässt ihn sein Werk erschaffen, das aus vielen Gründen so besonders ist und das noch heute fasziniert, in welcher Verkleidung es auch daherkommen mag: Seien es die unzähligen »Romeo und Julia«-Adaptionen wie die »Westside Story« von Arthur Laurents und Stephen Sondheim oder »Das Schicksal ist ein mieser Verräter« von John Green, Disneys »Der König der Löwen«, das sich von Hamlets Plots inspirieren lässt, oder »Das Schloss im Spinnwebwald« von Akira Kurosawa, der »Macbeth« in das feudale Japan versetzt. Nelson Mandela erringt nach langen Jahren der Gefangenschaft auf Robben Island in den 1970er-Jahren endlich das Recht, lange Hosen zu tragen – und auch sich Bücher aus der Bibliothek zu

OTHELLO: She loved me for the dangers I had pass'd
And I loved her that she did pity them.

PORTIA: The quality of mercy is not strain'd,
It droppeth like the gentle rain from heaven.

HAMLET: Alas, poor Yorick.

FALSTAFF: Go, go, follow your friend's counsel. Go.

ROMEO: How silver-sweet sound lovers' tongues by night,
Like softest music to attending ears.

KING LEAR: A poor infirm, weak, and despised old man.

MACBETH: Speak if you can.

leihen. Was hilft ihm auf dem langen Weg in die Freiheit? Shakespeares gesammelte Werke. Jeder seiner Mitinsassen soll sich eine Passage aussuchen, die ihm besonders viel bedeutet. Mandela selbst wählt ein Zitat über Mut und Tod aus »Julius Caesar« (2. Akt, 2. Szene – siehe Anhang). Shakespeares Stücke verzaubern auf der Bühne mehr, als wenn man sie nur liest; sei es bei der Aufführung durch die Laientruppe eines Gymnasiums in Düsseldorf oder durch fahrende Schausteller auf einem Karren in Kerala, die »Wie es euch gefällt« in Szene setzen. Auf einer Barke in London wird der »Sommernachtstraum« mit Hilfe von Marionetten interpretiert. Ja, sogar die Oper in Beijing führt während Deng Xiao Pings »Politik der Offenen Tür« im Jahr 1983 unter internationalem Applaus »Othello« auf. Shakespeare steht auf dem Programm, wieder und wieder. Im Jahr 2012 feiert der junge Staat des Süd-Sudan sein Entstehen mit einer Inszenierung von »Cymbeline«.

Wo beginnt Shakespeares Siegeszug um die Welt? Die Antwort mag überraschen – in Deutschland. Goethe und Schiller, später auch Heine und Nietzsche erkennen sich in seinem ungekünstelten Stil wieder. Shakespeares gewagte Handlungsabläufe sind ein Kontrapunkt zum steifen französischen Klassizismus. Die frühen Übersetzungen durch die Gebrüder Schlegel wie auch Ludwig Tieck geben Shakespeare einen festen Platz auf deutschen Bühnen. Bis heute wird in Deutschland kein anderer Dramaturg so oft in Szene gesetzt wie Shakespeare!

Der weltweite Erfolg lässt nicht lange auf sich warten. Voltaire importiert seine Werke um 1720 bei seiner Rückkehr aus dem englischen Exil nach Paris. In Russland nutzt Katharina die Große eine deutsche Übersetzung für ihre persönliche Adaption von »Die lustigen Weiber von Windsor«, und später erhalten französische Inszenierungen ein russisches Szenenbild. Puschkin und Tschechow verehren den Barden, Tolstoi dagegen findet ihn »unmoralisch«. Selbst die Sowjets bewundern Shakespeare! Nur in Italien dauert es etwas, bis Volk und Bühne ihm ihre Herzen öffnen, vielleicht weil in seinen Stücken italienische Geschichte oft sehr frei interpretiert wird. Letztendlich entdecken die Italiener Shakespeare durch die Oper, sei es dank Rossinis »Otello« oder Verdis »Macbeth«. Im 20. Jahrhundert ist sein Werk in alle großen Sprachen dieser Welt übersetzt. Aber Shakespeares Werk ist nicht nur insofern universell.

Kein anderer Schriftsteller erhellte je auf so simple und doch beredte und eingängige Weise das menschliche Wesen und die ganze Bandbreite unserer Gefühle. Wie die Gedanken ausdrücken, wenn Musik einen berührt, man älter wird oder frisch verliebt ist? Keine Sorge, William Shakespeare übernimmt das, und zwar besser, als jeder andere es könnte. Dazu kommt, dass er seine Weisheit in ausgesprochen gute Geschichten ausgesprochen gut verpackt: Der Barde ist eben auch ein begnadeter story-teller. Homer schreibt über Kriege und über Männer, die diese Kriege führten. Sophokles und Tolstoi erzählen Tragisches – große Konflikte zerreißen die Herzen ihrer Helden. Mark Twain mag die Komödie, Dickens das Melodrama, Plutarch die Geschichte, und Hans Christian Andersen erfindet wertvolle Kunstmärchen, die eine moralische Botschaft vermitteln. Shakespeares Dramen vereinen all diese Elemente in einer Geschichte – einer Geschichte, die deshalb Zeiten und Kulturen überbrückt. Natürlich hat William Shakespeare auch vieles geschrieben, das nicht vollkommen und großartig ist. Er ist schließlich auch nur ein Mensch – aber viele seiner wirklich großartigen Charaktere suchen in der Weltliteratur ihresgleichen. Sie stellen sogar die schier göttlichen Kreationen der griechischen Tragödie in ihren Schatten. Was sie so besonders macht, ist ihre Vielschichtigkeit. Man denke an den sanften, eher gutmütigen Hamlet, der gegen seine Natur mörderische Rache nehmen muss. Schon aus diesem Grund übernehmen Schauspieler gerne Rollen in seinen Stücken. Ihnen steht in der Haut von Shakespeares großen Helden eine spannende, aufwühlende Reise bevor. William Shakespeare schildert erstmals den inneren Konflikt, Kernstück der Neurose, auf eine Weise, dass man grundlegende Handlungsmotive und menschliche Instinkte versteht. Die ehrgeizige Lady Macbeth, der tragische Hamlet, Lear, die leidenschaftlichen Romeo und Julia und der schelmenhafte Puck sind kulturelle Archetypen, die sich von selbst erklären. Man weiß, worum es geht: echte, komplexe Charaktere, mit denen man sich identifizieren kann. Oft liegt ihre Anziehung auch darin, dass sie in sich die Züge von Protagonist und Antagonist vereinen, siehe die Helden Hamlet, Macbeth und Othello. Solche Personifikationen sind interessanter als der makellose Held, dem alles gelingt! Der moderne Dramatiker Tom Stoppard, der später auch die Liedtexte zu »Evita« ebenso wie den Erfolgsfilm »Shakespeare in Love« schreibt, beginnt seine Karriere mit den zwei kleinen Boten, die Shakespeare in »Hamlet« am Rande erwähnt. Sein Stück »Rosencrantz and Guildenstern are dead« wird in London zum ersten großen Erfolg des tschechischen Einwanderersohnes.

Shakespeares Einfluss auf die heutige englische Sprache weit über England hinaus ist bereits beschrieben worden – wir reden »Shakespeare«, ohne uns dessen bewusst zu sein. Zudem vergleicht man große und kleine Dramen unseres Alltags, oder auch die in Politik und Wirtschaft, gerne mit seinem Werk. Interessanterweise gehören gerade diejenigen, die hohe Posten bekleiden, zu den begeistertsten Anhängern seines Werkes. Sie sehen enge Verbindungen zwischen ihrem Leben und seinem Werk: Hamlets Geist ist die Mahnung, dass auch ein Minister seinen Wählern Rechenschaft ablegen muss, Könige und Königinnen verraten Freunde und entledigen sich ihrer, so mancher ruchlose CEO auf dem Weg nach oben mag sich da wiedererkennen. Oh ja, man lernt ihn schon sehr früh im Leben kennen, ohne sich dessen bewusst zu sein, und begegnet ihm dann ohne Unterlass immer wieder: ihm, dem »mächtigen Zauberer«, wie der englische Schriftsteller Sir Walter Scott Shakespeare nennt. (Dass seine eigenen Initialen auch diejenigen des Barden sind, macht Scott ungemein stolz!)

William Shakespeare schafft moderne Kultur, und die moderne Kultur schafft William Shakespeare immer wieder neu. Kein Wunder, dass seine Werke unter jedem nur denkbaren Gesichtspunkt untersucht worden sind, unter dem des Marxismus, der Psychoanalyse, des Strukturalismus, des Feminismus wie auch dem des Neo-Historismus oder auch aus der Sicht der homosexuellen und lesbischen Geschlechtertheorie. Shakespeare hält ihnen allen stand und lacht sich wohl insgeheim in seinem Literatenhimmel ins Fäustchen.

An jedem einzelnen Tag, so heißt es, wird auf dieser Welt eine Dissertation, Magisterarbeit oder ein Buch über das Werk des Barden veröffentlicht. Wem aber hat Shakespeare sein Überleben zu verdanken? Zwei seiner Kollegen aus den »King's Men«, John Heminges und Henry Condell, lassen sein Werk nicht der Vergessenheit anheimfallen. »Mr William Shakespeares Comedies, Histories, and Tragedies« – besser bekannt als das »First Folio« – vereint im Jahr 1623 sein Schaffen zum ersten Mal in Buchform. Nur die Dramen »Perikles« und »Die beiden edlen Vettern« fehlen. Das First Folio erscheint 1623, sieben Jahre nach seinem Tod, und ist die Basis für alles, was wir über sein Werk erfahren können.

Das Buch entführt Shakespeare aus dem Theater hinaus in die weite Welt, die ihn so inspiriert hat.

Verschwörungstheorien

Wer schrieb William Shakespeare?

Oben: Kann es sein? Es kann:
all dies Genie in nur einem Kopf.
Rechte Seite: Hätte Shakespeare
gewusst, welche Vermutungen es im
20. Jahrhundert zu seiner wahren
Identität geben würde, er hätte darin
vor allem den Stoff für ein neues
Drama gesehen!

Große Gelehrte geraten alle Jahre wieder aneinander bei der Suche nach der Antwort auf eine Frage: Gibt es diesen William Shakespeare wirklich? Kann es ein solches Genie überhaupt gegeben haben? Einen Dramaturgen, der die Menschheit, ihr Leiden und ihre Leidenschaft so vollkommen kartographiert? Nein: So glauben viele. Und die Fakten scheinen ihnen Recht zu geben. Shakespeare stammt aus einer unbedeutenden Familie und wächst in der Provinz eines Königreichs auf, das sich gerade erst aus den Zwängen des finsteren Mittelalters befreit. Das größte Genie der englischen Sprache, der Mann, der das Englische zu dem gemacht hat, was es heute ist, nämlich das die Welt beherrschende Idiom, kann nicht unter solchen Umständen aufgewachsen sein und schon gar nicht an einem solchen Ort. Shakespeares Werk weist eine Überfülle von Darstellungen auf, die Schauplätze in aller Welt und die unterschiedlichsten Charaktere beschreiben. Sein Wissen und sein Einblick in das Leben bei Hofe oder die bevorzugten Beschäftigungen der Aristokratie – wie beispielsweise die Jagd mit Vögeln und Vergnügungen wie Bälle, Bowling und Tennis – können nur verblüffen. Sein eigener Aufstieg zum Kammerdiener des Königs in London kann da als Erklärung nicht genügen. Nein, der wahre Autor von Shakespeares Werken muss selber dem Hochadel entstammen.

beschwert sich der rivalisierende Dramatiker Robert Greene auf seinem Totenbett (!) über die Arroganz dieses Emporkömmlings aus der Provinz, der sich als jemand betrachtet, der die Londoner Szene »aufrütteln und -schütteln« kann: »The only Shake-scene«. Die Anspielung ist deutlich genug. Dann vergleicht er William Shakespeare mit einer Krähe, die sich mit fremden Federn schmückt, und zwar den prachtvollen Federn eines großen Literaten und Dramaturgen – eines »playwrits«! Spätere Generationen gehen mit ihren Vorwürfen noch weiter: Unüberbrückbar sei der Gegensatz zwischen der genialen Komplexität seines Schreibens, dem gekonnten Aufbau seiner Stücke, der messerscharfen Brillanz seiner Dialoge und den Fakten seines Lebens, seiner Erziehung und seines Werdegangs.

Womit die Kritiker beim nächsten Thema sind: Ist es überhaupt denkbar, dass er in Stratford-upon-Avon überhaupt eine angemessene Erziehung genossen hat? Sicher, es gibt dort eine grammar school, deren prachtvolle Guildhall noch heute zu besichtigen ist. Jungen aus guter Familie lernen dort im 16. Jahrhundert Latein, Mathematik und Rhetorik. John Shakespeare hat sich in der Hierarchie der Marktstadt vielleicht nach oben gearbeitet, doch der Besuch seines Sohnes William auf dieser grammar school ist nicht belegt – ist der Junge überhaupt zur Schule gegangen? Die Kritik geht noch weiter: Bei den überlieferten handschriftlichen Zeugnissen handelt es sich um nur sechs Unterschriften auf Verträgen und eine Zeugenschaft, die er abgelegt hat. In den Augen seiner Kritiker sind diese das Gekrakel eines Analphabeten. In seinem Testament bedenkt er zwar seine geduldige Ehefrau Anne Hathaway und vermacht dieser das zweitbeste Bett in seinem prächtigen Haus New Place, aber er erwähnt weder Stücke und Sonette noch die damals bereits beträchtlichen Einnahmen, die er durch diese gehabt haben muss. Zudem, so heißt es, sei

Doch diesem ist es verboten oder unmöglich, unter eigenem Namen zu veröffentlichen. So bezahlt er jemanden, den er kennt und mag. Jemanden, der vielleicht auch schreibt, aber eben nicht so begnadet wie er selbst. Jemanden wie diesen William Shakespeare aus Stratford-upon-Avon.

Diese relativ bescheidene Herkunft macht schon die Menschen seiner Zeit verrückt vor Eifersucht. Der Neid, the green-eyed monster, Shakespeare, oder wer auch immer, trifft einmal mehr den Nagel auf den Kopf! Im Jahr 1592

das Testament in der schlichtesten und plattesten Sprache gehalten, die man sich nur denken könne. Insofern dienen diese wenigen Schriftstücke kaum als Beweis dafür, dass Shakespeare der große dramatische Schriftsteller ist, der er zu sein beansprucht. Viele gehen in ihrer Argumentation sogar noch weiter: Sein Vater, seine Mutter, seine Geschwister wie auch seine Frau und seine beiden überlebenden Töchter, so heißt es, haben nie lesen und schreiben gelernt. Analphabeten sind sie, die Shakespeares, allesamt! Sicher, seine Lieblingstochter Susanna heiratet einen wohlhabenden Arzt. Aber Geld hat Shakespeare auch, das ist nicht zu widerlegen – er kauft New Place, er investiert in Ackerland, ist ein Geschäftsmann, vielleicht sogar ein Spekulant. Aber ein großer Dramatiker?

Die Fraktion der Kritiker, die diese und ähnliche Argumente vorbringen, wird als »Anti-Stratfordians« bezeichnet. Zu dieser Gruppe, in der die Größe von Shakespeares Werk einen geradezu unerklärlichen – oder vielleicht nur zu gut erklärbaren – Zorn auslöst, gehören – so bizarr es auch klingt – unter anderem Mark Twain, Charlie Chaplin, Orson Welles und Sigmund Freud. Als Erklärung genügt ihnen Talent und Genie nicht. Unnötig zu betonen, dass sie in der Stadt am Avon, die ausnahmslos von dem Erbe des großen Barden lebt, nicht willkommen sind.

Linke Seite: Der einfache Sohn einer einfachen Marktstadt erlangt Weltruhm – von dem Geschäft mit Shakespeare lebt Stratford-upon-Avon heute.
Rechts: Shakespeare hat viele Gesichter …

Es stimmt: Die Diskrepanz zwischen dem Mythos William Shakespeare und den von den »Anti-Stratfordians« vorgebrachten Tatsachen ist groß. Verbürgt ist allein, dass ein Mann namens »Shaxpere«, »Shaxberd« oder eben »Shakespear« in Stratford-upon-Avon im Jahr 1564 geboren wird. Er ist Schauspieler, sein Name wird auch gedruckt, und zwar zusammen mit dem anderer Schauspieler, in der Ausgabe der gesammelten Werke, die im Jahr 1623 erscheint – als er selbst schon lange verstorben ist. Er heiratet Anne Hathaway, hat in rascher Folge drei Kinder mit ihr und verstirbt bizarrerweise an seinem vermuteten Geburtstag, dem St.-Georgs-Tag 1616. Spärlich verbürgte Eckdaten!

Andererseits: In London tummelten sich unter Elisabeth I. und Jakob I. Hunderte von Dramaturgen – viele von ihnen kommen aus bescheidenen, die meisten sogar aus mehr als bescheidenen Verhältnissen. Ben Johnson beispielsweise, ein treuer Freund Shakespeares, ist der Sohn eines Maurers. Nie ist jemandem der Gedanke gekommen, zu behaupten, Johnson habe Johnsons Stücke und Sonette nicht selbst geschrieben. Und zu Shakespeares Lebzeiten ist auch nie jemand auf den Gedanken verfallen, dies von dem zu seiner Zeit mit Abstand erfolgreichsten Barden zu behaupten: weder Marlowe, noch Johnson, noch irgendjemand – the green-eyed monster hin oder her.

Wer ist William Shakespeare aber dann wirklich, oder wer schreibt unter seinem Namen, und wenn, weshalb? Namen werden viele vorgeschlagen, eigentlich so gut wie jeder bedeutende Zeitgenosse Shakespeares im elisabethanischen England: so etwa Edward de Vere, der 17. Earl of Oxford, Sir Francis Bacon oder gar die Konkurrenten Ben Johnson oder Christopher Marlowe. Gar die Königin selber – es ist bekannt, wie gerne und nicht unbegabt sie dichtet. Eines ihrer besten Werke ist die seufzende Elegie auf das Ableben ihres letzten großen möglichen Freiers, des französischen Duc d'Anjou, den sie zu seinen Lebzeiten genau wie unzählige andere Prinzen von Blut und Rang gnadenlos zum Narren gehalten hat: Vielleicht heiratet sie ihn ja doch noch? Aber dann vielleicht doch eher nicht …! Es könnte doch sein, dass die literarische Leidenschaft sie in einer ruhigen Stunde (wie eine Königin sie sicher reichlich hatte …) noch weiter bewegt und dass sie beschließt, unter dem Pseudonym »William Shakespeare« Dinge zu schreiben, die sie als Königin nicht zum Ausdruck bringen darf. Genannt werden auch weitere Adlige – so etwa William Stanley, der 6. Earl of Derby, oder Roger Manners, der 5. Earl of Rutland, Mary Sidney oder Sir Henry Neville.

Viele der Namen sind leicht zu verwerfen, dafür muss man weder Meisterdetektiv noch investigativer Journalist sein: Marlowe ist schon seit langem tot, in der Taverne erstochen und begraben, als, wer auch immer, die größten Meisterwerke unter dem Namen William Shakespeare schreibt. Die Idee, dass Marlowe Shakespeare ist, wird in Stratford als ein von Hollywood inspiriertes Wunschdenken verworfen.

(29) SHAKESPEARE

Die Kritiker allerdings sagen: Nein, Marlowe streitet sich nie über eine Rechnung und wird auch nicht erstochen. Er flieht im Gegenteil durch ein kompliziertes Tunnelsystem nach Frankreich und arbeitet dort weiterhin als Spion für Sir Francis Walsingham. Nebenbei schreibt er während der nächsten 20 Jahre unter dem Namen William Shakespeare.

Weniger seltsam erscheint dagegen, dass hinter dem Namen William Shakespeare der große Sir Francis Bacon steckt. Er ist selbst unzweifelhaft eine Größe der Geisteswelt an der Wende zum 16. Jahrhundert. Er ist Höfling, Wissenschaftler, Philosoph, Jurist und, ja, auch ein großer Schriftsteller, ein scharfer Beobachter seiner Zeit. Vieles hat er unter seinem eigenen Namen veröffentlicht, vieles – nur keine Sonette, Gedichte oder Stücke. Weshalb also sollte er plötzlich ein Pseudonym annehmen? Die Befürworter lesen Stücke wie »Julius Caesar«, »König Lear« oder auch »Coriolanus« als ein Gruppenwerk enttäuschter, verbitterter und besiegter Politiker unter Bacons Ägide, die sich so gegen den Despotismus Elisabeths I. und ihres Nachfolgers Jakob I. zur Wehr

setzen. Bacon war also nur ein Mitglied dieser Gruppe. Und William Shakespeare so etwas wie ihr »Spielball«, nicht viel mehr als ein Stalljunge, der in Blackfriars auf die Bühne tritt. Sie bezeichnen ihn schamlos als »drittrangigen, dummen, analphabetischen Schmierenkomödianten«. In der ersten gedruckten Ausgabe von Shakespeares Werken, dem First Folio von 1623, soll sich versteckt die Unterschrift »Franciso Bacono« finden.

Diejenigen, die an die Autorschaft des Earl of Oxford, Edward de Vere, glauben, tischen ganz ähnlichen Humbug auf. Trotz seines eher unpassend frühen Todes – er verstarb 1604, also noch bevor »Macbeth«, »König Lear«, »Coriolanus«, »Das Wintermärchen« oder auch »Der Sturm« geschrieben sind – wird sein Name immer wieder von den »Anti-Stratfordians« genannt. De Vere übt als möglicher wahrer Verfasser der Werke eine geradezu unheimliche Faszination auf Shakespeares Kritiker aus. Vielleicht steht ja der Barde in seinem Dienst und leiht dem insgeheim literarisch hochbegabten Grafen seinen Namen? Als Aristokrat kann dieser ja schlecht mit der Bühne in Verbindung gebracht werden. Manche sind so überzeugt von dieser Idee, dass sogar der oberste Gerichtshof der USA damit befasst wird. Leider geht das Urteil zu Ungunsten des Earl of Oxford und seiner Unterstützer aus.

Was spricht für ihn? Sein familiärer Hintergrund und seine Erziehung wie auch seine Verbindungen zur Theaterwelt, sicher. Allerdings ist keine einzige Begegnung zwischen Shakespeare und de Vere belegt. Gleichzeitig ziehen seine Bewunderer zahllose Parallelen zwischen seinem Leben und vielen Begebnissen in Shakespeares Stücken. Zudem wird dem Grafen zu seinen Lebzeiten zweimal – einmal von der Königin Elisabeth I., einmal von Jakob I. – die kolossale Summe von 1000 Pfund überwiesen. Das entspricht beinahe einer Million

Pfund heute! Weshalb? Natürlich als Tantiemen für seine Stücke, sagen die Anhänger dieser These.

Wo ist das Bernsteinzimmer? Wo das Nazi-Gold? Wer erschoss Präsident Kennedy nun wirklich? Wer lenkte den kleinen weißen Fiat, der dem Mercedes von Diana, Prinzessin von Wales, im Tunnel von Alma Marceau den Weg versperrte? Wer, ja, wer?

Wer also schrieb William Shakespeares Dichtungen? Ganz einfach: William Shakespeare, der Sohn eines Handschuhmachers, der vielleicht nie eine Schule absolvierte. Der vor seiner Frau nach London flieht und der es – wie viele Männer seiner Zeit – nicht für nötig hält, seinen Töchtern das Lesen und Schreiben beizubringen. Zu seinen Lebzeiten werden seine Stücke unter seinem Namen gedruckt. Seine Autorschaft wird nie angezweifelt, selbst von seinen größten Neidern nicht. Es gibt mindestens drei zuverlässige Belege über sein Schaffen, die auf den Druck der Werke »Viel Lärm um nichts«, »Heinrich IV., Teil 2« und »König Lear« anspielen, wie auch auf deren Aufführungen im »Globe«. Gibt es einen stärkeren Beweis für seine Autorschaft als die Worte seines Freundes und Kollegen Ben Johnson, der 1623 in das First Folio folgende Widmung schrieb?

To the Memory of my Beloved the Author, Mr William Shakespeare and What He Hath Left Us.

Zum Schluss

Die Bilder

Helene Sandberg nahm ihre Bilder an den folgenden Orten auf:

Geburtshaus William Shakespeare, Stratford-upon-Avon Seite 7, 16, 86, 96, 97

Handschuhmacher-Werkstatt in Shakespeares Geburtshaus Seite 10, 11, 85

Mary Ardens Farm Seite 8, 14, 42, 48, 50, 53, 54, 57, 64–68, 73, 74, 87

Stratford-upon-Avon Seite 9 (Harvard House), 12 und 13 (Guildhall mit Schulraum), 18/19 (Umgebung), 23 (Holy Trinity Church), 5, 117

Anne Hathaways Cottage Seite 17

Hampton Court Palace Seite 25, 30, 31 und 77 (Musikvorführung), 69, 71, 72, 75 (Küche)

Hever Castle, Kent Seite 40 (Schlafzimmer mit geheimer Kapelle)

Alle folgenden Bilder stammen, wenn nicht anders vermerkt, aus dem Fotoarchiv Bridgeman Images, Berlin (mit herzlichem Dank an Achim Kathan)

Kapitel 1

Seite 6 John Taylor (zugeschrieben), Portrait of William Shakespeare, um 1610, Öl auf Leinwand, National Portrait Gallery, London.

Seite 12 und 13 © Shakespeare's Schoolroom and Guildhall Society, Stratford-upon-Avon.

Seite 20 Holland, 17. Jahrhundert, Ansicht der Stadt London von Southwark aus gesehen, 1640–60, Öl auf Leinwand, Chatsworth House, Derbyshire.

Seite 22 England, 16. Jahrhundert, Ansicht von London, um 1560, O'Shea Gallery, London.

Kapitel 2

Seite 24 Kegler, Farblithografie, Frankreich, um 1900, Privatsammlung.

Seite 26 Henry Thomas Alken, Bärenkampf, 1820, Privatsammlung.

Seite 27 England, 16. Jahrhundert, Vier hochrangige Edelmänner spielen Karten (vermutlich: Sir Francis Walsingham, William Cecil, Lord Burghley, Lord Hunsdon und Sir Walter Raleigh), Öl auf Holz, © The Right Hon. Earl of Derby.

Seite 28 Adriaen Brouwer, Tonpfeifenraucher, 1635–38, Öl auf Eichenholz, The Wellington Museum, London.

Seite 29 England, 17. Jahrhundert, The Sucklington Faction oder Sucklings Roaring Boyes (Satire auf die Runde um den englischen Dichter Sir John Suckling (1609–42), 1641, Privatsammlung.

Seite 32 England, 16. Jahrhundert, Musiker im Wadley House, Detail aus: The Life and Death of Sir Henry Unton, um 1596, Öl auf Holz, National Portrait Gallery, London.

Seite 34 »The Globe«, Zeichnung, Privatsammlung.

Seite 35 Aufführung eines Dramas von William Shakespeare im elisabethanischen Zeitalter, Illustration aus »Cassell's Illustrated History of England«, 19. Jahrhundert, Sepialithografie, Privatsammlung.

Kapitel 3

Seite 36 Jan Griffier, Blick auf London, 2. Hälfte 17. Jahrhundert, Öl auf Kupfer, Galleria Sabauda, Turin.

Seite 37 England, 16. Jahrhundert, Porträt Elisabeth I., auch bekannt als das Krönungsporträt, Öl auf Holz, National Portrait Gallery, London. Gemalt um 1600 und vermutlich die Kopie nach einem verlorenen Original, das 1559, im Jahr der Krönung, entstand.

Seite 38 England, 16. Jahrhundert, Antikatholische Propaganda mit Anspielung auf Stephen Gardiner, Bischof von Winchester, 1556, Tempera auf Papier, Privatsammlung, Photo © Christie's Images / Bridgeman Images.

Seite 39 Umkreis François Clouet, Maria Stuart, Königin von Schottland, Öl auf Holz, Victoria & Albert Museum, London.

Seite 40 © Hever Castle, Edenbridge, Kent, Secret chapel.

Seite 41 Gortzius Geldorp, Porträt einer Familie beim Tischgebet, 1602, Öl auf Leinwand , Rafael Valls Gallery, London.

Die Dramen

Im Folgenden finden Sie die im Buch erwähnten Dramen von William Shakespeare mit Seitenangaben und dem Hinweis, wo sich Zitate finden.

Weiterlesen

Die Bücher, die mir am wichtigsten sind:

Ian Mortimer, »The Time Traveller's Guide to Elizabethan England«, The Bodley Head, London 2012.

Ian Mortimer ist britischer Historiker und Literaturwissenschaftler, schreibt Sachbücher genauso wie historische Romane und ist zu Recht einer der erfolgreichsten britischen Autoren, wenn es um die lebendige Darstellung des Alltagslebens und der Gesellschaft des Mittelalters und der angrenzenden Epochen geht. Sein Band »Im Mittelalter. Handbuch für Zeitreisende« ist bereits auf Deutsch erschienen, hoffentlich wird sein Buch über das elisabethanische England bald folgen – wagen Sie es trotzdem, das Original zur Hand zu nehmen, Sie werden begeistert sein von der lebendigen, leicht zu verstehenden Sprache.

Neil MacGregor, »Shakespeare's Restless World«; auf Deutsch: »Shakespeares ruhelose Welt«, München 2014.

Seit dem Bestseller-Erfolg seines Buches »Eine Geschichte der Welt in 100 Objekten«, das 2012 als Wissensbuch des Jahres ausgezeichnet wurde, ist Neil MacGregor einem großen Publikum bekannt. Seit seinem Entschluss, 2016 das Amt des Gründungsintendanten am Humboldtforum in Berlin anzutreten, ist er jedem deutschen Kulturinteressierten ein Begriff. Seine Idee, anhand der eingehenden Betrachtung von Einzelobjekten historischen Zusammenhängen auf die Spur zu kommen, wendet er auch in seinem Buch über Shakespeare an. Authentischer, konkreter und unterhaltsamer kann man dem Leben unseres Dichters nicht nahekommen: Viel Spaß bei der Lektüre.

Jonathan Bate und Dora Thornton, »Staging the World: Shakespeare«, London 2012.

Jonathan Bate, Professor an der Oxford University und Shakespeare-Spezialist, und Dora Thornton, Kuratorin für Renaissancekunst am British Museum, haben 2012 diesen Band vorgelegt, der zu einer gleichzeitig am British Museum stattfindenden Ausstellung entstand. Ein Klassiker – leider nur in englischer Sprache erhältlich.

Martin Wiggins, »Shakespeare and the Drama of his Time«, Oxford University Press 2000.

Kompakte und informative Einführung zu Shakespeares Werken, die diese in Bezug setzt zu den großen Umbrüchen in der literarischen Kultur Englands um 1600 und sie mit gleichzeitig erscheinenden Dramen vergleicht.

Standardwerk:

Ina Schabert, »Shakespeare-Handbuch: Die Zeit – Der Mensch – Das Werk – Die Nachwelt«, Stuttgart (5. durchgesehene und ergänzte Auflage) 2009.

Das Standardwerk der deutschen Shakespeare-Forschung von Ina Seibert, die Englische Literaturwissenschaft an der Universität München lehrt und seit 1999 Herausgeberin des »Shakespeare-Jahrbuchs« ist.

Unterhaltsam:

Bill Bryson, »Shakespeare – wie ich ihn sehe«, München 2010.

Über Bill Brysons Reiseberichte durch Europa haben Sie vielleicht schon gelacht oder seine Bestseller-Erfolge »Eine kurze Geschichte von fast allem« und »Eine kurze Geschichte der alltäglichen Dinge« in der Hand gehabt und staunend gelesen, wie locker einem scheinbar anstrengende Fragen nach Raum und Zeit und dem Leben auf der Erde beantwortet werden können. Wenn Sie diese Art der Darstellung mögen, rate ich dringend zur Lektüre seines Shakespeare-Buches.

William D. Rubinstein, »Who Wrote Shakespeare's Plays?«, Stroud 2014.

In diesem schmalen Bändchen, das leider noch nicht auf Deutsch erschien, erklärt der Historiker Rubinstein auf sehr unterhaltsame Weise die verschiedenen Theorien zur wahren Autorschaft der Shakespeare'schen Texte und bringt Klarheit in die verworrene Diskussion der Gelehrten.

Ein Tipp nicht nur für Kinder:

Peter Härtling und Hans Traxler, »Ihr wißt ja, wie die Kleinen immer über Große reden«: Shakespeare für Kinder«, Frankfurt 2009.

Für dieses Buch, das wie ich finde, in jedem Kinderzimmer – auch zur Belustigung der Eltern – stehen sollte, hat Peter Härtling einige der schönsten Szenen und Lieder aus Shakespeares Dramen, aus den Tragödien, Komödien und Zauberspielen zusammengestellt, und Hans Traxler hat die Auswahl mit leiser Ironie illustriert. Köstlich!

John Doyle, »Shakespeare für Dummies«, Weinheim 2005.

Der in Deutschland lebende, US-amerikanische Komiker, der mit seinen Berichten über das Leben in »Germany« die Bestsellerlisten stürmte, hat sich an den großen Shakespeare gewagt. Ich bin nicht so ganz überzeugt von der Konzeption der »Für Dummies«-Buchserie. Aber wer es mag, und wenn sich so noch mehr Menschen für Shakespeare interessieren – gern.

Am besten – Shakespeares Werke lesen. Haben Sie Lust bekommen, mal wieder eines der Dramen zu lesen? Ich habe ja schon angemerkt, dass man diese eigentlich auf der Bühne sehen muss. Trotzdem: Die klassische Übersetzung ins Deutsche von

August Wilhelm Schlegel und Ludwig Tieck, die von Dorothea Tieck und Wolf Heinrich von Baudissin fortgeführt wurde, zur Hand zu nehmen, ist ein Genuss. Es gibt eine äußerst preiswerte vierbändige Ausgabe, Aufbau Taschenbuch. Die Anmerkungen zu den Stücken des Herausgebers Günther Klotz am Ende jedes Bandes sind sehr hilfreich.

Fast ein Geheimtipp

Wussten Sie, dass Erich Fried in den 1960er- und 1970er-Jahren die Shakespeare-Dramen ins Deutsche übersetzt hat? Im Vergleich mit der klassischen Schlegel/Tieck-Übersetzung werden Sie sich über die Modernität und teils Frechheit seiner Sprache wundern – aber das macht Freude! Die Bände sind lieferbar und im Wagenbach Verlag in Berlin erschienen.

Reisen

Die Bilder dieses Bandes entstanden zu großen Teilen an einem der historischen Orte in Großbritannien, die mit dem Leben William Shakespeares in Verbindung gebracht werden. Alle diese Orte werden nicht nur liebevoll instand gehalten oder in ihrer historischen Bausubstanz rekonstruiert. Eine Besonderheit ist, dass fast überall sogenannte Reenactments veranstaltet werden, also Nachstellungen historischer Ereignisse ebenso wie von Alltagsszenen von Personen in Kostümen der Shakespeare-Zeit. Seien es Kochvorführungen in Hampton Court Palace, Aufführungen von Shakespeare Stücken im »Shakespeare's Globe Theatre« in London, oder Inszenierungen von Alltagsszenen in Stratford-upon-Avon: Überall können Sie eintauchen in die Atmosphäre des elisabethanischen Zeitalters und unmittelbar erleben, wie es sich angefühlt haben muss, William Shakespeare zu sein. Wir

haben einige der wichtigsten Stationen mit Tipps zum Besuch zusammengestellt.

The Tudor Kitchens in Hampton Court Palace

Eingerichtet 1530 während der Regierungszeit Heinrichs VIII., war diese riesige Schlossküche während der nächsten 200 Jahre Schauplatz für die Zubereitung aufwendiger Mahlzeiten für manchmal bis zu 600 Personen. In den letzten Jahren wurde diese Küche zum Zentrum eines faszinierenden wissenschaftlichen Projekts. Archäologen, die sich um die Rekonstruktion historischer Ernährungsgewohnheiten kümmern, experimentieren hier mit traditionellen Rezepten, Zutaten und Kochmethoden, um herauszufinden, wie die englischen Könige und ihr Hof sich ernährten. An einigen Tagen im Jahr können Sie erleben, wie speziell ausgebildete Chefköche in diesem historischen Ambiente Speisen zubereiten. Der Besuch der Küche ist Teil der Besichtigung von Hampton Court Palace, alle Informationen über Öffnungszeiten und Eintrittspreise finden Sie hier: www.hrp.org.uk/HamptonCourtPalace. Weitere Informationen zum Besuch der Küche und zu Kochvorführungen hier: www.hrp.org.uk/HamptonCourtPalace/stories/thetudorkitchens

Shakespeare's Globe Theatre in London

In London können Sie bei einem Besuch der Rekonstruktion des berühmten »Globe Theatre« spüren, was es bedeutete, um 1600 auf den Brettern, die die Welt bedeuten, zu stehen. 1599 eröffnet, wurde das Theater bis zu den hölzernen Sitzbänken und den Stehplätzen ohne Überdachung in den 1990er-Jahren originalgetreu rekonstruiert. Heute können Sie das Theater auch außerhalb von Vorführungen erleben und sich bei den alle 30 Minuten stattfindenden Touren von einem der historisch gekleideten Führer erklären lassen, wie das Theaterleben ablief. Weitere Informationen finden Sie hier: www.shakespearesglobe.com/exhibition/about-the-exhibition-and-theatre-tours

Shakespeares Geburtshaus in Stratford-upon-Avon

Haben Sie in London alles gesehen und noch ein bisschen Zeit? Dann begeben Sie sich doch auf die rund zweieinhalb Stunden lange Zugreise von London nach Stratford-upon-Avon in Mittelengland, Shakespeares Heimatort. Hier werden Sie nicht ganz allein sein, denn rund drei Millionen Besucher strömen jährlich durch die Gassen und entlang des Flusses Avon. Zum Geburtstag des berühmten Sohnes veranstaltet Stratford-upon-Avon jedes Jahr ein Fest mit Parade und zahlreichen Sonderveranstaltungen. Im Geburtshaus an der Henley Street mit seinen niedrigen Decken aus Eichenbalken und seinen Holzböden wurden einzelne Zimmer rekonstruiert und mit elisabethanischen Möbeln ausgestattet. Der Besuch der Räume und der begleitenden Ausstellung zur Familienhistorie ist wohl der Höhepunkt jeder Spurensuche. Alle Einzelheiten und Tipps für Ihren Besuch finden Sie hier: www.shakespeare.org.uk/visit-the-houses/shakespeares-birthplace.html

Mary Ardens Farm

Das Geburtshaus von Shakespeares Mutter im fünf Kilometer außerhalb Stratfords gelegenen Wilmcote wurde so weitgehend rekonstruiert, dass man sich hier ein vollständiges Bild vom Hof- und Landleben zu Shakespeares Zeit machen kann. Von der Vorbereitung des Frühstücks am Herd und Kamin in der Küche über die Mittagsmahlzeit der auf dem Hof Beschäftigten um 13 Uhr bis zu Vorführungen in der

am Haus gelegenen Schmiede, dem Pflanzen und Ernten im hauseigenen Garten oder Musikvorführungen: Ein Besuch dieses Ortes entführt einen weit in das tägliche Leben auf dem Lande zu Zeiten Shakespeares. www.shakespeare.org.uk/visit-the-houses/mary-ardens-farm.html

Anne Hathaways Cottage

Hier im Geburtshaus seiner Ehefrau Anne Hathaway hat – so wird in einer begleitenden Broschüre spekuliert – William Shakespeare um ihre Hand angehalten. Außer dem Kaminzimmer, in dem dies geschehen sein soll, fasziniert an diesem Haus vor allem der verwunschene, wunderschön gestaltete Garten, in dem von Mai bis Juli die Rosenblüte alle Besucher verzaubert. http://www.shakespeare.org.uk/visit-the-houses/anne-hathaways-cottage-amp-gardens.html

Hall's Croft

Das Haus, das die älteste Tochter William Shakespeares mit ihrem Mann, einem vermögenden Arzt und Apotheker, bewohnte, ist ebenfalls ein beliebter Ort für alle Shakespeare-Fans. Hier kann ein Kräutergarten bewundert werden, und im Haus sind zahlreiche Techniken der Herstellung von Heilkräutern für die Besucher anschaulich gemacht. www.shakespeare.org.uk/visit-the-houses/halls-croft.html

New Place

Als Theatermann in London zu Reichtum gekommen, kaufte Shakespeare, als er im Jahr 1597 nach Stratford-upon-Avon zurückkehrte, das größte und schönste Haus im Ort für seine Familie. New Place an der Ecke von Chapel Street und Chapel Lane wurde im 18. Jahrhundert ein Opfer von Flammen. Das Haus wird komplett rekonstruiert, und hier wird eine hochmoderne Ausstellung mit vielen Installationen und diversen kostbaren Stücken aus dem

Leben Shakespeares und seiner Zeit gezeigt, die dessen Leben in Stratford-upon-Avon von 1597 bis zu seinem Tod 1616 erleben lassen. www.shake-speare.org.uk/about-us/new-place-the-next-chapter.html

Royal Shakespeare Company in Stratford-upon-Avon

Die 1960 durch Peter Hall gegründete Royal Shakespeare Company bespielt und unterhält in Stratford das »Royal Shakespeare Theatre«. In diesem befindet sich das »Swan Theatre«, das wie das »Globe« in London einem Theaterbau der elisabethanischen Zeit nachempfunden wurde. Von Laurence Olivier bis Kenneth Branagh und Derek Jacobi standen und stehen die renommiertesten Shakespeare-Darsteller ihrer Zeit auf dieser Bühne, die nach Umbauarbeiten 2011 bis zu 1000 Zuschauern Platz bietet. Infor-mationen über aktuelle Aufführungen sowie Führungen durch das Theater: www.rsc.org.uk/whats-on/?location=stratford-upon-avon

Und weil man dem Barden wohl nirgends so nah sein kann wie als Zuschauer eines seiner Stücke, ist eine weitere Attraktion in Stratford das große Theater der Royal Shakespeare Company. Im Herbst 2010 wurde es nach aufwendiger Renovierung wieder eröffnet, und wie im Globe hat man auch hier Wert auf Geschichte gelegt. Ein einladender, kein elitärer Platz sollte es werden, erklärte Projektleiter Peter Wilson bei der Eröffnung. Ganz so wie zu Shakespeares Zeiten eben, als dreckige Lacher, eindeutige Kommentare und jede Menge Interaktion zwischen Zuschauern und Schauspielern einen Theaterabend ausmachten.

Deutsche Originalausgabe
Copyright © 2016 von dem Knesebeck GmbH & Co. Verlag KG, München
Ein Unternehmen der La Martinière Groupe

Gestaltung und Satz: Leonore Höfer, Knesebeck Verlag
Herstellung: VerlagsService Dietmar Schmitz GmbH, Heimstetten
Druck: Druckerei Theiss
Printed in Austria

ISBN 978-3-86873-928-2

www.knesebeck-verlag.de